国家级一流专业建设成果

首批自治区一流课程配套教材

内蒙古财经大学会计实践教学创新团队研究成果

21世纪会计系列规划教材 · 应用型

JICHU KUAIJI SHIYAN

基础会计实验（第二版）

王燕嘉 晓芳 主编

朝黎明 吴楠 邬瑞岗 副主编

东北财经大学出版社
Dongbei University of Finance & Economics Press
大连

图书在版编目（CIP）数据

基础会计实验 / 王燕嘉，晓芳主编．—2 版．—大连：东北财经大学出版社，2024.7．—（21 世纪会计系列规划教材・应用型）．—ISBN 978-7-5654-5301-4

Ⅰ．F230

中国国家版本馆 CIP 数据核字第 202490XU15 号

东北财经大学出版社出版

（大连市黑石礁尖山街 217 号　邮政编码　116025）

网　　址：http://www.dufep.cn

读者信箱：dufep@dufe.edu.cn

大连图腾彩色印刷有限公司印刷　　东北财经大学出版社发行

幅面尺寸：285mm×205mm　字数：663 千字　印张：24.25　插页：10

2024 年 7 月第 2 版　　2024 年 7 月第 1 次印刷

责任编辑：李　栋　周　慧　　责任校对：何　莉

封面设计：原　皓　　版式设计：原　皓

定价：58.00 元

教学支持　售后服务　　联系电话：（0411）84710309

如有印装质量问题，请联系营销部：（0411）84710711

第二版前言

数智经济开启了会计理论和实践发展的新纪元。会计管理正在从传统的“核算反映型”为主向“智能决策型”为主转型，会计人才培养的变革势在必行。《基础会计实验》教材作为会计人才培养的重要载体，自2020年4月面向全国出版发行以来，多次重印，累计发行近两万册。在教学实践和教材使用过程中，我们陆续收到了武汉商学院、贵州商学院、河南工程学院、云南师范大学、成都工业学院等院校的老师和同学们提出的宝贵修改建议。值此第二版问世之际，谨向选用本书并提出宝贵修改建议的广大师生和读者朋友们致以诚挚的谢意！

本次教材的修订，在保持原有体系、内容、范式不变的基础上，增加了党的二十大精神进教材相关内容，凸显了两大时代特色。其一，将“育人先铸魂”作为价值引领。新修订的教材以习近平新时代中国特色社会主义思想为指导，围绕习近平经济思想、习近平生态文明思想、习近平法治思想和习近平文化思想，结合会计专业特点和实践教学特性，通过经济业务的开发、往来单位的选取以及教学过程的设计等，增加了18项立德树人学习内容，旨在引导学生深刻理解中华优秀传统文化，爱党、爱国；强化学生作为现代化建设者的责任感、使命感；教育学生自觉践行会计职业道德和职业规范，遵纪守法、诚实守信；培养学生爱岗敬业、开拓创新的良好品格和行为习惯，最终实现知识传授与价值引领同频共振，实现显性教育与隐性教育的融合。其二，将与时俱进的教学理念贯穿始终。近年来，金税四期工程建设不断深入，国家正在加大力度激活数据要素潜能，以数字化转型整体驱动生产方式、生活方式和治理方式变革，加快建立现代财税金融体制，完善现代税收制度。自2021年12月1日起，国家税务总局在内蒙古自治区、上海市、广东省（不含深圳市）、北京市、青岛市等省、自治区和直辖市开展全面数字化的电子发票（简称“数电票”）试点。截至2023年11月，“数电票”开票试点已扩围至全国35个省市（包括省、自治区、直辖市以及计划单列市），“数电票”受票试点已扩围至全国31个省（自治区、直辖市）及5个计划单列市。因此，本次教材修订编者将经济业务原始凭证中的发票全部换为“数电票”，让学生更好地感知票据的变化，引导学生主动提升数智素养和数智技能，以顺应时代的要求。

本次教材修订由内蒙古财经大学副校长晓芳教授主持，由内蒙古财经大学会计学院智能会计实验中心全体教师，内蒙古财经大学党委宣传部，内蒙古财经大学会计学院会计系、财务管理系以及职业学院会计系部分教师，呼和浩特职业学院高级会计师和内蒙古安立信会计师事务所有限责任公司合伙人共同完成。具体分工如下：王燕嘉教授、晓芳教授任主编，负责教材的总纂定稿，同时负责教学过程立德树人学习内容的设计；朝黎明副教授、吴楠讲师、邬瑞岗董事长（合伙人、注册会计师）任副主编，负责往来单位立德树人学习内容的设计；赵瑾讲师、宝露日讲师、萨其尔讲师、王蕾教授、张静高级会计师负责经济业务立德树人学习内容的开发；康莉副教授、邱鹏云副教授负责“数电票”的替换与更新；白明艳助理研究员负责全书思政要点的总纂定稿。

在教材修订的过程中，《财会通讯》杂志社、内蒙古财经大学党委宣传部、内蒙古财经大学会计学院党委、国家税务总局内蒙古自治区税务局给予了大力的支持和帮助，特别是内蒙古财经大学会计学院2020级审计1班的曾祥俊，2021级会计6班的赵丹、张娜娜、满家瑞、顾晨、周驰皓，2021级财务管理1班的汪念、贾雨凡，2022级资产评估1班的吴新洁、宋雨菲、张佳琦等同学为本书的修订查阅大量资料、寻找思政素材，付出了辛勤的劳动，在此一并表示诚挚的谢意！

由于编者水平有限，加之实验教材编写的工作量较大，课程思政素材涉及面较广，书中难免有疏漏之处，敬请读者批评指正。

编　者

2024 年 5 月

第一版前言

随着我国经济由高速增长转向高质量发展，对人才的需求越来越多元化，既需要高素质的理论型、研究型人才，也需要大量的高素质应用型人才。会计学科集理论性与技术性于一体，具有很强的可操作性。会计实验教学作为会计教学的重要组成部分，理论与实践相结合，在巩固、理解理论课所学知识的同时，更注重实际操作，有助于提高学生的动手能力，帮助学生建立会计思维，提升其综合素养。

本教材是国家级特色专业——会计学专业、内蒙古自治区省级精品课程基础会计的配套实验教材，依据2018年1月1日起分阶段实施的《企业会计准则第14号——收入》《企业会计准则第22号——金融工具确认和计量》等一系列新会计准则以及2019年4月1日起执行的财政部、税务总局、海关总署印发的《关于深化增值税改革有关政策的公告》相关规定组织编写。

本教材以会计学专业要求掌握的基本理论、基本方法和基本技能为主线，以一家彩色食品级软包装制造业企业12月份的经济业务为案例，模拟完成一套完整的会计流程，包括建账、填制会计凭证、登记账簿、结账对账、编制会计报表。实验完成后学生不仅能够更好地掌握会计核算基本流程及会计操作技能，而且能够对所学会计学基本理论有更透彻的理解，从而实现会计学专业知识的融会贯通，实现知行合一的目标。

本教材在编写过程中融合了多年从事会计理论教学、实验教学教师的教学心得和教材编写经验以及会计、审计实务工作者的工作体会，主要特色如下：

1.时效性强。教材在2019年底深化增值税改革之后完成，原始资料全部按照深化增值税改革之后的相关法律、法规设计，同时将有关会计准则的最新变化应用于实验资料中。

2.仿真度高。教材中的发票、各种银行结算票据等外来原始凭证完全按照目前实际工作中使用的样式设计并彩色套印，仿真度高，尽可能再现会计实务工作场景，有利于提高学生对实际会计工作的感性认识。

3.涉及业务全面。教材共设计了49笔经济业务，涉及制造业企业资金筹集、供应、生产、销售、财务成果计算及分配全过程。

4.实用性强。教材结合新会计准则和税制改革的变化，以制造业企业一个月的典型业务为案例进行模拟实验。它既可作为会计学、财务管理学、审计学等管理学科学生的会计实务操作教材，也可作为经济学、财政学、税收学等经济学科学生的会计实务操作教材，还可以作为会计岗位的岗前培训教材；既适用于课堂实验教学，也适用于自学者练习，具有很强的实用性。

5.配置资源丰富。教材提供了实验用的全部空白凭证、账簿、报表等材料。同时，为方便自学，教材提供了与学习配套的业务提示，学生扫描二维码即可获得每笔业务的操作提示；为方便教师使用，教材配套了教学所需的PPT资源，使用者可以登录东北财经大学出版社网站（www.dufep.cn）免费下载。

本教材由内蒙古财经大学会计学院教师和内蒙古安立信会计师事务所有限责任公司合伙人联合编写。具体分工如下：王燕嘉副教授、张静伟教授任主编，负责教材的总纂定稿、第一章的编写、模拟企业会计岗位及其职责和部分经济业务的设计；朝黎明副教授、吴楠讲师、公司董事长郭瑞岗（合伙人、注册会计师）任副主编，负责教材框架的拟定、模拟企业会计制度、期初数据以及部分经济业务的设计；赵瑾讲师、宝露日助教、萨其尔助教、王蕾副教授、中国工商银行股份有限公司内蒙古分行李红艳经济师参加编写，负责银行票据审核以及部分经济业务的设计。

在编写教材的过程中，有关实务部门给予了大力的支持与帮助，特别是利乐包装呼和浩特有限公司、中国工商银行股份有限公司内蒙古分行、国家税务总局内蒙古自治区税务局，在此一并表示诚挚的谢意。

由于编者水平有限，加之实验教材编写的工作量较大，书中难免有疏漏之处，敬请读者批评指正。

编　者

2020 年 3 月

本书立德树人元素总览

课程章节	个人品格	职业素养	家国情怀	忠诚爱国	红色元素	文化传承	制度自信	理论自信	社会责任	法治意识	绿色发展	低碳环保	共建共享	创新驱动	开放共赢
实验目的	★	★				★									
对指导教师的要求		★				★			★						
对学生的要求	★							★							
模拟企业基本信息											★		★		
模拟企业产品介绍											★	★	★		
模拟企业会计政策							★	★		★					★
经济业务 1	★	★				★									
经济业务 2	★	★							★		★	★	★	★	★
经济业务 5	★	★	★	★	★										
经济业务 6											★	★		★	
经济业务 10							★	★		★					
经济业务 11	★	★					★	★							
经济业务 13							★	★		★					
经济业务 28							★	★					★		
经济业务 29	★	★							★				★	★	★
经济业务 31							★	★		★					
经济业务 38							★	★	★	★			★		
经济业务 48							★	★							

目　　录

第一章　绪　论

一、基础会计实验目的、实验要求

立德树人1

（一）实验目的

基础会计实验的目的是培养学生的实际操作能力，把所学理论知识与会计实践有效结合起来，解决长期存在的理论与实践相脱节的问题，培养学生的独立工作能力以及分析问题、解决问题的能力，提高学生的实际操作技能，包括审核原始凭证、编制记账凭证、登记账簿、编制会计报表、查账、对账等各方面的能力，同时也要培养学生严谨认真、一丝不苟的工作态度。

立德树人2

（二）实验要求

1.对指导教师的要求

指导教师是实验质量的保障。对于会计操作还是一张白纸的学生而言，只有在教师认真负责的正确引导下才能顺利完成实验。

（1）实验前充分准备。实验开始前指导教师需做好所有实验准备工作，包括写好实验教案、根据课时安排及学生的实际情况制订实验计划、设计实验进度、准备实验资料等。

（2）实验过程中耐心辅导。学生在实验过程中由于对会计实务不了解，会反复提出各种各样的问题，教师应进行耐心指导及示范，对学生提出的问题及时加以指导和解决。

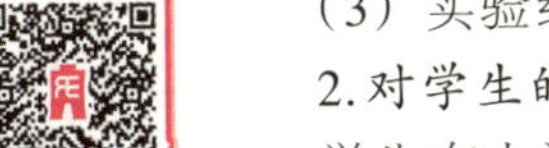
立德树人3

（3）实验结束后认真评阅。实验结束后，指导教师应对学生完成的实验资料进行认真审阅并公平公正地评定成绩。

2.对学生的要求

学生在上课前要准备好黑色中性笔、红色中性笔、胶水（或胶棒）、铅笔、橡皮、格尺、票据夹、口取纸等实验用品用具，认真阅读教材前两章的内容，以便了解实验流程、实验要求，熟悉模拟企业的基本情况、工艺流程、机构设置、岗位职责、会计政策，为顺利完成实验奠定基础。实验过程中要服从指导教师的管理，按进度要求和操作要求独立、认真、保质保量地完成整个实验任务。

要搞清楚企业期初数据的来龙去脉及相互联系，以便在处理12月份业务时，能够与期初数据联系起来处理经济业务。认真阅读教材给出的原始凭证资料，看懂每一张原始凭证说明的业务内容，独立思考并运用所学理论知识，正确进行模拟企业的会计核算工作，在教师指导下规范地完成实验操作全过程，提升自身的操作能力及专业素养。

二、基础会计实验流程

（一）正确建账

根据教材给出的模拟企业11月30日的期末资料，开设12月份的总分类账、库存现金日记账、银行存款日记账和各明细分类账。

（二）日常经济业务处理

1.填制与审核原始凭证

教材给出的原始凭证大多是已经填制完成的，可在审核无误后直接使用；少数原始凭证是空白的，需按原始凭证填制要求正确填写后才能使用。

2.填制与审核记账凭证

根据审核无误的原始凭证填制专用记账凭证。

3.登记日记账

根据收款凭证和付款凭证按顺序登记库存现金日记账和银行存款日记账。

4.登记明细账

根据全部记账凭证和有关原始凭证登记各明细分类账。

5.编制科目汇总表

根据记账凭证编制科目汇总表。

6.登记总分类账

根据科目汇总表登记总分类账。

（三）结账对账、编制试算平衡表

月末结出库存现金日记账、银行存款日记账、各明细分类账和总分类账的发生额和余额，根据总分类账编制试算平衡表。试算平衡之后，将日记账的余额、明细账的余额与总分类账的余额核对相符。根据银行对账单编制银行存款余额调节表。

（四）编制会计报表

月末，根据总分类账和有关明细分类账的余额编制资产负债表，根据损益类账户的发生额编制利润表。

（五）整理装订凭证、账簿

对所填制的凭证、账簿、报表进行整理，并装订成册。

（六）撰写实验报告

实验完毕后，学生要及时撰写实验报告，对实验过程予以总结。

三、基础会计实验形式、考核方法及课时安排建议

（一）实验形式

基础会计实验可以根据学校课时安排及学生具体情况采取多种形式进行。

1.单人实验

单人实验是每位学生独立完成整个实验工作。这种实验形式有利于学生对企业经济业务进行全面了解和把握，掌握每一笔经济业务的全部处

理过程。尤其在经济业务的前后关联性以及业务处理进度把控等方面具有明显优势。但同时，也带来实验工作量过大的缺点，而且由于工作量大也容易使实验质量不尽如人意。实验课时充足的学校适合采用该种形式。

2.二人组实验

二人组实验不分岗位，由两位学生组成一组协作完成整个实验。这种形式有利于培养学生的团结协作精神，培养团队意识以及沟通能力。两人协作大大减少了实验时间，能够比较轻松地完成实验。缺点是每个人都不能接触全部经济业务，导致对实验的整体把控不足，尤其对经济业务的前后关联性更是不好把握。这种形式适合课时不足，无法进行单人实验的学校。

3.分岗位实验

这种实验形式最接近会计实际工作，可以按三人一组或多人一组进行分岗位实验。会计工作岗位设置是多种多样的，可以一人一岗，也可以一岗多人或一人多岗。但在岗位设置时要遵循内部控制原则，账、钱、物分管，即“管钱的不管账，管账的不管钱”。

由于本教材的经济业务数量不是很多，不适合多人一组，建议按三人一组进行分岗位实验，可以设置以下三个岗位：会计主管岗位、记账会计岗位、出纳岗位。每位小组成员可以先后以不同身份进行实验操作，体会不同岗位的工作职责与操作技能。体验会计核算业务的票据传递过程、各岗位间的相互协作与制约，熟悉财会部门与有关业务部门之间的业务联系，培养学生的沟通协调能力及团队协作精神。这种实验形式最接近实际工作，最有“身临其境”的感觉，但是也存在与二人组实验相同的缺点，适合实验课时量特别少的学校。

（二）考核方法

基础会计实验的成绩评定有其特殊性，在成绩评定时应考虑各方面因素，以便客观、公正地对学生的实验结果进行考核。基础会计实验重点考核学生独立分析问题、解决问题的能力，提升操作能力，在成绩评定时应考虑如下方面：

1.学生在整个实验过程中的态度及表现；

2.学生的出勤情况；

3.经济业务的处理以及会计核算工作是否符合要求；

4.实验报告的撰写是否认真、全面；

5.为防止抄袭现象发生，对于平时表现不好但实验完成得较好的学生有必要进行答辩，以验证其实验的真实性。

具体成绩评定标准见表1-1。

表1-1 实验成绩评定标准

考核内容	分值	得分
实验过程表现（包括工作态度、考勤、独立完成情况）	40	
核算数据完整、准确	10	
原始凭证填制、使用	10	
记账凭证填制、装订	10	
账簿登记（包括建账、登账、结账、更正错账等）	10	
会计报表	10	
实验报告	10	
合　计	100	

（三）实验进度及课时安排

各个学校对于基础会计实验的具体课时安排各不相同，本教材按34课时和17课时给出两种参考实验进度，具体见表1-2。

表1-2　　实验进度及课时（参考）

实验内容	课时	课时
1.期初建账（包括总账、日记账、明细账）	4	2
2.处理第1—10笔业务（包括填制凭证、登记日记账和明细账）	4	2
3.处理第11—30笔业务（包括填制凭证、登记日记账和明细账）	4	2
4.处理第31—41笔业务（包括填制凭证、登记日记账和明细账）	4	2
5.处理第42—49笔业务（包括填制凭证、登记日记账和明细账）	4	2
6.编制科目汇总表，登记总账，编制银行存款余额调节表	4	2
7.结账、对账、编制试算平衡表	4	2
8.编制会计报表	4	2
9.整理装订凭证、账簿、撰写实验报告	2	1
合　计	34	17

四、会计书写规范

（一）会计书写基本规范

会计书写规范是指会计工作人员在经济业务活动的记录过程中，对接触的数字和文字的一种规范化书写方法。会计工作离不开书写，没有规范的书写就没有会计工作质量。一名合格的会计人员，首先书写应当规范，书写规范也是衡量一名会计工作人员素质高低的基本标准。

会计书写的内容包括阿拉伯数字书写和汉字书写两部分。

会计书写基本规范的要求：正确、规范、清晰、整洁、美观。

（二）阿拉伯数字书写规范

阿拉伯数字是世界各国的通用数字，书写的顺序是由高位到低位，从左到右依次写出各位数字。

1.阿拉伯数字书写的要求

①高度。每个数字要紧贴底线书写，其高度占全格的1/2或2/3，要为更正错误数字留有余地。除6、7、9外，其他数字高低要一致。“6”的上端可以比其他数字高出1/4，“7”和“9”的下端可以比其他数字伸出1/4。

②角度。各数字的倾斜度要一致，一般要求上端向右倾斜30度。

③间距。每个数字都要大小一致，数字排列应保持同等距离，每个数字上下左右都要对齐。在印有位数线的凭证、账簿、报表上，每一格都只能写一个数字，不得几个数字挤在一个格里，也不得在数字中间留有空格。

④书写顺序。从高位往低位写，后面各格必须写完，没有角分需写00。例如壹仟伍佰元整，应写成：

亿	千	百	十	万	千	百	十	元	角	分
					1	5	0	0	0	0

不应写成：

亿	千	百	十	万	千	百	十	元	角	分
					1	5	0	0		

阿拉伯数字参考手写体如下所示：

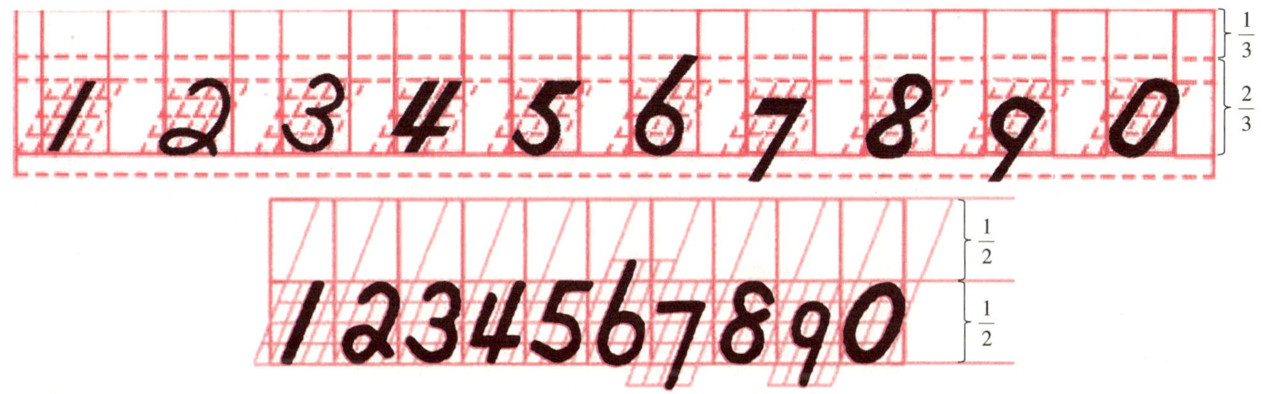

2.阿拉伯数字书写错误的更正方法

数字书写错误一般采用划线更正法。例如写错一个数字，不论在哪位，一律用红线全部划掉，在原数字上方对齐原位填写正确数字。假设数字3 861.25错写成3 867.25，正确的更正方法是，将错误数字全部用单红线划掉，在原数字上方填写正确数字，并加盖人名章以示负责。

（三）汉字大写数字书写规范

汉字大写数字主要用于填写支票、销售发票、银行结算凭证、收据等重要原始凭证，因此，在书写时不允许出现丝毫差错。如果写错，则本张凭证作废，需重新填制凭证。

汉字大写数字的基本要求：

（1）汉字大写数字金额用中文正楷书写，如：壹、贰、叁、肆、伍、陆、柒、捌、玖、拾、佰、仟、万、亿、元、角、分、零、整（正）

等，不得乱用简化字或自造字。

（2）汉字数字大写金额前要冠有“人民币”字样，“人民币”与金额首位数字之间不得留空，数字之间更不能留空位。写数与读数顺序要一致。

（3）金额数字中间连续几个“0”时，只写一个“零”字。例如“¥3 000.70元”，应写作“人民币叁仟元零柒角整”。

（4）大写金额数字到元或角为止的，在“元”或者“角”字之后应写“整”字或“正”字。大写金额数字有分的，“分”字后面不写“整”字或“正”字。

（5）整数位的文字前必须有数字，如拾元整应写作壹拾元整。

（6）切忌随便用替代字，如“零”不能用“另”代替、“角”不能用“毛”代替等。

大写金额写法举例：

小写金额	大写金额		
	正确写法	容易写错为	错误原因
¥4 150.50	肆仟壹佰伍拾元零伍角整	肆仟壹佰伍拾元伍角整	漏写一个“零”字
¥85 000.96	捌万伍仟元零玖角陆分	捌万伍仟零玖角陆分	漏写一个“元”字
¥1 087 000.00	壹佰零捌万柒仟元整	壹佰万零捌万柒仟元整	多写一个“万”字

（四）记账凭证摘要书写规范

摘要是记录经济业务的简要概述，填写时应用简明扼要的文字反映经济业务概况。摘要书写的一般要求：①以原始凭证为依据。②正确反映经济业务的内容。③文字少而精，说明主要问题。

摘要栏的填写没有统一的范式，但同一类型的经济业务填写摘要时，文字表达是有章可循的。具体要求如下：

1. 日常业务摘要编写要规范统一

摘要应为完整的主谓宾句式，说清楚部门、经办人、经办事项，如“财务部李明借差旅费”“综合部高强购办公用品”“销售部王芳报销招待费”等。凭证摘要的书写虽不能像会计科目那样规范标准，但作为会计人员，应努力提高自己对会计业务事项的表达和概括能力，力求使摘要的书写标准化、规范化。

2. 摘要应简单明了，一看便知

“简单”就是每条摘要都力争用尽可能少的文字说明问题，“明了”则是指不能出现歧义。例如，采购部王宣借款购买原材料，就不能写为“采购部王宣借款”，这会让人误解为“王宣个人借款”，正确的写法是“采购部王宣借购料款”。

3. 对于反复发生的经济事项，需要注明时间

如“发放2×23年6月份工资”“缴纳2×23年11月份水费”。这样记录的目的是防止发生漏记、重记，且便于账务查询。

4. 有些摘要需要填写数字

（1）需要注明时间的摘要。例如缴纳某月份水费、电费、电话费、各项保险金、个人所得税等；提取职工教育经费、工会经费等。在摘要中

务必注明经济业务所属的时间。这样不仅可以有效防止发生漏记、重记，而且便于单位间的账务查询。

例如：缴纳2×23年11月份各项税费50 000元，摘要应为“缴纳11月份各项税费”。

（2）需要注明人数的摘要。对发放职工生活补贴、困难补助、发放临时工工资等，在摘要中要注明人次。以便在填制各种统计表格时无须再去检查每张记账凭证后所附原始凭证。

例如：发放10名职工困难补助，共计5 000元。摘要应为“发职工10人困难补助”。

（3）需要注明数量的摘要。各单位需要购置的办公设备、生产设备数量很大，需要报废的陈旧固定资产也很多。虽然固定资产账中反映资产的数量，但为了便于同固定资产管理部门随时“动态”对账，在摘要中要注明资产的数量。购买原材料、销售商品的业务也如此，虽然实物保管部门和销售部门也掌握并记录购销的实际数量，但摘要也应填写数量，这既便于记账，也便于与业务部门核对，如“购买水泵5台”“购买纸板100吨”“销售无菌砖50卷”等。

5.收、付款业务，要写明“经办人”、“收付款单位”以及“款项内容”

例如：“王亮付某包装制品公司包装袋款”“李文收蒙牛公司购货款”等。

6.对于更正会计分录的摘要，应说明原错误凭证的凭证号

对记账后发现记账凭证错误的，用红字冲销原错误凭证，摘要为“冲销某年某月某日某号凭证”，同时，用蓝字编写正确的记账凭证，摘要为“更正某年某月某日某号凭证”。

对只有金额错误的会计分录，编制调整数字差额的凭证，摘要为“调整某年某月某日某号凭证”。

第二章　模拟企业概况及会计政策

立德树人4

一、模拟企业概况

（一）模拟企业基本信息（见表2-1）

表2-1　　模拟企业基本信息

项目	基本信息
企业法定中文名称	森美包装有限公司
企业法定中文名称缩写	森美包装
企业法定代表人	杨志国
企业注册资本	500万元
企业注册地址	呼和浩特市赛罕区如意工业园区23号
企业办公地址及电话	呼和浩特市赛罕区如意工业园区23号，0471-36614988
企业注册类型	有限责任公司
企业统一社会信用代码	91150153661498535N
企业生产经营范围	彩色食品级包装材料及制品无菌枕、无菌砖的生产、销售
开户银行	中国工商银行股份有限公司呼和浩特如意支行
开户银行账户	0205301211000770823

立德树人5

（二）模拟企业工艺流程及产品介绍

森美包装有限公司主要生产无菌枕、无菌砖两种产品，该产品为彩色食品级软包装，主要用于牛奶、果汁等液态食品的包装。其简易生产工艺流程为：由复合机生产出卷式无菌枕、无菌砖，经过分切、客户端灌装为最终产品——无菌枕、无菌砖。具体工艺流程及产品实物如图2-1所示：

图 2-1　森美包装有限公司简易生产工艺流程及产品

（三）模拟企业印章

森美包装有限公司公章、法定代表人印鉴、财务专用章、发票专用章、合同专用章。

（四）模拟企业的组织机构

模拟企业实行总经理负责制，总经理全面负责企业的生产经营管理工作，公司设有副总经理四名，一名负责行政工作，一名负责财务工作，一名负责生产、仓储工作，一名负责供销和质量工作。公司设有六个事业部，包括行政部、供销部、质量部、生产部、仓储部、财务部。公司内部组织结构如图 2-2所示。

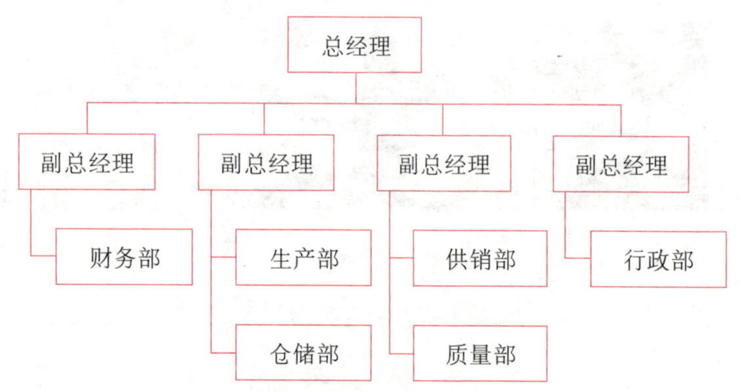

图2-2　森美包装有限公司组织结构图

各部门负责人一览表见表2-2。

表2-2　各部门负责人一览表

职　务	姓　名	职　务	姓　名
总经理	杨志国	财务部主任	孙　泽
财务副总经理	宋庆华	生产部主任	段旭东
生产副总经理	吉　图	仓储部主任	涂金芳
供销副总经理	王晓峰	供销部主任	成禹南
行政副总经理	冯　伟	质量部主任	刘邦杰
		行政部主任	张　燕

二、模拟企业会计岗位设置及职责

（一）出纳岗位职责

1.根据收款凭证和付款凭证登记库存现金日记账和银行存款日记账。

2.办理现金的收付款业务和银行各种结算业务。

3.月末完成日记账的结账工作。

注：出纳人员不得兼任稽核、会计档案保管和收入、支出、费用、债权债务账目的登记工作。

（二）记账会计岗位职责

1.审核原始凭证，并根据原始凭证编制记账凭证。

2.根据记账凭证登记有关明细账。
3.根据银行存款日记账和开户行提供的“对账单”，编制银行存款余额调节表。
4.月末完成明细分类账的结账工作并整理装订会计凭证及明细分类账。

（三）会计主管岗位职责

1.审核记账凭证，并在记账凭证的“复核”处签名或盖章。
2.月末或者月中，对收款凭证、付款凭证、转账凭证分别进行汇总并编制“科目汇总表”，根据“科目汇总表”登记总分类账。
3.月末完成总分类账的结账工作。
4.根据总分类账编制试算平衡表并完成对账工作。
5.月末编制会计报表。

立德树人6

三、模拟企业的会计政策和会计核算规定

（一）账务处理程序

该公司采用科目汇总表账务处理程序，根据收款凭证、付款凭证、转账凭证编制科目汇总表，并登记总分类账。

（二）材料核算

1.在途物资按采购材料品种进行明细核算，采购费用按材料重量进行分配。
2.原材料采用实际成本法进行日常核算。
3.主要材料的发出成本采用月末一次加权平均法计算确定，辅助材料的发出成本采用先进先出法计算确定。

（三）库存商品核算

1.库存商品采用实际成本法进行日常核算。
2.发出商品的实际成本采用月末一次加权平均法计算确定。

（四）生产成本核算

1.产品成本采用品种法核算。
2.产品成本由直接材料、直接人工、其他直接支出、制造费用四个项目构成，其中其他直接支出指产品所耗用的水费和电费。
3.制造费用按生产工人工资比例分配。分配率保留小数点后五位，尾差由最后一项负担。

（五）固定资产折旧计提

1.固定资产采用直线法计提折旧，分别按房屋建筑物、机器设备、交通工具以及电子产品分类计提，按受益部门进行明细分类核算。
2.折旧年限分别为房屋建筑物20年，机器设备10年，交通工具4年，电子产品3年。净残值率为5%。

（六）职工薪酬核算

1.职工工资由基本工资、岗位工资、绩效工资组成，每月25日计算并发放本月工资，由开户银行直接代发。

2.个人所得税由企业代扣代缴，个人所得税扣除标准为每人每月5 000元，按7级累进税率进行计算扣除。

3.社会保险费计提基数为上年度实际月平均工资，缴费比例为：

养老保险：公司缴16%，个人缴8%；

失业保险：公司缴0.5%，个人缴0.5%；

医疗保险：公司缴6%，个人缴2%。

4.住房公积金计提基数为上年度实际月平均工资，缴费比例为单位和个人各10%。

5.职工福利费根据当月工资总额的14%计算。

（七）税费核算

1.本企业是增值税一般纳税人，销售货物适用的增值税税率为13%。

2.城市维护建设税税率为7%。

3.教育费附加率为3%。

4.企业所得税按月计算、按季预缴，年终汇算清缴，所得税税率为25%。

（八）利润分配

1.法定盈余公积，按照《中华人民共和国公司法》的规定，按净利润的10%计算提取。

2.任意盈余公积，按照净利润的5%计算提取。

3.年终向投资者分配的利润，按照公司股东会决议规定的比例和年初投资者在企业的投资份额分配。

（九）多栏式明细账费用项目

1.制造费用明细项目。

职工薪酬	网络使用费	电话费	水电费	折旧费	其他

2.销售费用明细项目。

广告费	网络使用费	电话费	会展费	其他

3.管理费用明细项目。

职工薪酬	办公费	业务招待费	差旅费	修理费	网络使用费	电话费	水电费	折旧费	其他

4.财务费用明细项目。

利息收入	利息支出	手续费	其他

第三章 模拟企业期初数据

一、2×23年11月30日总账及明细账余额表（见表3-1）

表3-1　　2×23年11月30日总账及明细账余额表　　单位：元

科目编码	科目名称	年初余额		11月30日余额	
		借方	贷方	借方	贷方
1001	**库存现金**	**7 017.20**		**6 873.50**	
1002	**银行存款**	**342 589.17**		**1 196 532.33**	
100201	工行	342 589.17		573 114.34	
100202	光大银行			623 417.99	
1012	**其他货币资金**	**367 209.00**		**109 832.00**	
101201	存出投资款	367 209.00		109 832.00	
1101	**交易性金融资产**			**100 000.00**	
110101	伊利股份			100 000.00	
1121	**应收票据**	**3 744 900.00**		**2 530 000.00**	
112101	娃哈哈有限公司	980 000.00		1 980 000.00	
112102	光明乳业	2 764 900.00		550 000.00	
1122	**应收账款**	**1 304 500.00**		**1 852 000.00**	
112201	伊利股份	332 500.00		120 000.00	
112202	蒙牛实业			760 000.00	
112203	汇源饮品	972 000.00		972 000.00	

续表

科目编码	科目名称	年初余额		11月30日余额	
		借方	贷方	借方	贷方
1221	**其他应收款**			**2 000.00**	
122101	李文			2 000.00	
1402	**在途物资**			**113 600.00**	
140201	纸板			113 600.00	
1403	**原材料（原材料明细账户余额见表3-2）**	**1 008 321.72**		**1 050 040.00**	
1405	**库存商品（库存商品明细账户余额见表3-3）**	**3 138 853.77**		**922 130.00**	
1601	**固定资产**	**10 310 233.50**		**10 383 728.50**	
160101	生产部门	6 509 965.00		6 561 460.00	
160102	管理部门	3 800 268.50		3 822 268.50	
1602	**累计折旧**		**2 474 456.04**		**2 926 677.04**
160201	生产部门		1 562 391.60		1 859 391.60
160202	管理部门		912 064.44		1 067 285.44
1604	**在建工程**	**676 920.00**		**1 176 920.00**	
160401	厂房	676 920.00		1 176 920.00	
	资产总额	**20 900 544.36**	**2 474 456.04**	**19 443 656.33**	**2 926 677.04**
2001	**短期借款**		**500 000.00**		**1 500 000.00**
200101	工行		500 000.00		1 000 000.00
200102	光大银行				500 000.00
2201	**应付票据**		**1 793 000.00**		
220101	内蒙古金星浆纸业		1 793 000.00		

续表

科目编码	科目名称	年初余额		11月30日余额	
		借方	贷方	借方	贷方
2202	**应付账款**		**3 067 320.00**		**432 000.00**
220201	江苏宏达塑料		1 586 520.00		300 000.00
220202	包头铝业		1 480 800.00		132 000.00
2203	**预收账款**				**300 000.00**
220301	呼伦贝尔海乳乳业				300 000.00
2211	**应付职工薪酬**		**510 768.12**		**395 590.83**
221101	工资				
221102	职工福利		365 489.87		244 351.27
221103	社会保险费		100 577.25		104 704.32
221104	住房公积金		44 701.00		46 535.24
2221	**应交税费**		**1 007 365.25**		**222 854.87**
222101	应交增值税				
222102	未交增值税		397 654.98		102 400.00
222103	应交城市维护建设税		27 835.85		7 168.00
222104	应交教育费附加		11 929.65		3 072.00
222105	应交企业所得税		567 289.87		107 814.87
222106	应交个人所得税		2 654.90		2 400.00
2231	**应付利息**				**39 583.33**
223101	专项借款利息				39 583.33
2232	**应付股利**		**498 720.87**		
2241	**其他应付款**		**91 637.05**		**95 397.25**
224101	代扣社保费		46 936.05		48 862.01

续表

科目编码	科目名称	年初余额		11月30日余额	
		借方	贷方	借方	贷方
224102	代扣住房公积金		44 701.00		46 535.24
2501	**长期借款**		**5 000 000.00**		**5 000 000.00**
250101	专项借款		5 000 000.00		5 000 000.00
	负债总额		**12 468 811.29**		**7 985 426.28**
4001	**实收资本**		**5 000 000.00**		**5 000 000.00**
400101	圣牧实业股份有限公司		3 500 000.00		3 500 000.00
400102	维达纸业有限公司		1 500 000.00		1 500 000.00
4002	**资本公积**				
4101	**盈余公积**		**1 195 929.03**		**1 195 929.03**
410101	法定盈余公积		797 286.02		797 286.02
410102	任意盈余公积		398 643.01		398 643.01
4103	**本年利润**				**2 172 765.98**
4104	**利润分配**		**748 998.00**		**748 998.00**
410401	提取法定盈余公积				
410402	提取任意盈余公积				
410403	应付现金股利				
410404	未分配利润		748 998.00		748 998.00
	所有者权益总额		**6 944 927.03**		**9 117 693.01**
5001	**生产成本（生产成本明细账户余额见表3-4）**	**987 650.00**		**586 140.00**	
5101	**制造费用**				
	成本类总额	**987 650.00**		**586 140.00**	

表 3-2

原材料明细账户余额表

2×23 年 11 月 30 日

金额单位：元

科目编码	明细科目		账页格式	材料编号	单位	数量	单价	金额
140301	主要材料	纸板	504 式	101	吨	36	5 600.00	201 600.00
140302		铝箔	504 式	102	吨	15	9 800.00	147 000.00
140303		聚乙烯	504 式	103	吨	60	9 500.00	570 000.00
140304	辅助材料	热熔黏合剂	504 式	104	桶	60	80.00	4 800.00
140305		胶乳黏合剂	504 式	105	桶	80	50.00	4 000.00
140306		水玻璃	504 式	106	吨	16	1 100.00	17 600.00
140307		淀粉黏合剂	504 式	107	吨	26	3 200.00	83 200.00
140308		树脂基黏合剂	504 式	108	吨	13	1 680.00	21 840.00
小 计								1 050 040.00

表 3-3

库存商品明细账户余额表

2×23 年 11 月 30 日

金额单位：元

科目编码	明细科目	账页格式	产品编号	单位	数量	单价	金额
140501	无菌枕	504 式	201	卷	200	2 530.00	506 000.00
140502	无菌砖	504 式	202	卷	130	3 201.00	416 130.00
小 计							922 130.00

表 3-4

生产成本明细账户余额表

2×23 年 11 月 30 日

金额单位：元

科目编码	明细科目	账页格式	单位	数量	成本项目				
					直接材料	直接人工	其他直接支出	制造费用	合计
500101	无菌枕	614 式	卷	24	268 700.00	85 600.00	6 500.00	25 800.00	386 600.00
500102	无菌砖	614 式	卷	8	153 200.00	24 500.00	3 240.00	18 600.00	199 540.00
	小计				421 900.00	110 100.00	9 740.00	44 400.00	586 140.00

二、2×23年1—11月份及上年利润表数据（见表3-5）

表3-5　　2×23年1—11月份及上年利润表数据　　单位：元

项　目	本期金额 （2×23年1—11月）	上期金额 （2×22年全年）
一、营业收入	18 496 466.67	20 177 963.64
减：营业成本	11 841 779.65	12 918 305.07
税金及附加	354 460.52	386 684.20
销售费用	800 354.20	873 113.68
管理费用	2 380 200.33	2 596 582.17
研发费用		
财务费用	199 558.88	217 700.60
加：其他收益		
投资收益（损失以“-”号填列）	58 762.12	172 000.00
公允价值变动收益（损失以“-”号填列）		
信用减值损失（损失以“-”号填列）		
资产处置收益（损失以“-”号填列）	99 446.10	45 200.00
二、营业利润（亏损以“-”号填列）	3 078 321.31	3 402 777.92
加：营业外收入	38 700.00	69 760.00
减：营业外支出	220 000.00	110 000.00
三、利润总额（亏损总额以“-”号填列）	2 897 021.31	3 362 537.92
减：所得税费用	724 255.33	840 634.48
四、净利润（净亏损以“-”号填列）	2 172 765.98	2 521 903.44

第四章　2×23年12月份经济业务描述

森美包装有限公司2×23年12月份发生如下经济业务：

（1）12月1日，行政部李鑫报销办公费。

（2）12月1日，收回前欠货款。

（3）12月1日，上月采购的纸板到货，验收入库。

（4）12月2日，销售无菌枕。

（5）12月2日，财务部李文报销差旅费。

（6）12月3日，购买铝箔。

（7）12月3日，付车间设备修理费。

（8）12月4日，供销部王旭预借差旅费。

（9）12月5日，支付职工培训费。

（10）12月5日，收到短期借款。

（11）12月6日，支付广告费。

（12）12月7日，销售无菌砖。

（13）12月8日，缴纳11月份增值税、城市维护建设税、教育费附加及个人所得税。

（14）12月9日，缴纳11月份社保费和住房公积金。

（15）12月10日，付网络使用费、电话费。

（16）12月11日，购买压痕机。

（17）12月12日，归还光大银行短期借款本息。

（18）12月12日，收到投资人的实物投资。

（19）12月13日，支付会展费。

（20）12月14日，报废蒸汽式冷风机，结转清理费用。

（21）12月15日，销售无菌枕。

（22）12月16日，购买辅助材料。

（23）12月17日，购买纸板。

（24）12月18日，销售淀粉黏合剂。

（25）12月19日，采购员王旭报销差旅费。
（26）12月20日，归还工商银行短期借款利息、在建工程专项借款利息，收到工商银行存款利息。
（27）12月21日，销售无菌砖。
（28）12月22日，发放职工困难补助。
（29）12月23日，行政部报销业务招待费。
（30）12月24日，17日购买的纸板验收入库。
（31）12月25日，发放并分配本月工资。
（32）12月26日，支付银行手续费。
（33）12月27日，出售所持伊利股份股票。
（34）12月28日，支付并分配水电费。
（35）12月29日，出售不需用固定资产，结转净损益。
（36）12月30日，原材料盘盈、盘亏，固定资产盘亏。
（37）12月30日，编制材料耗用汇总表，分配材料费用。
（38）12月31日，计提社保费、住房公积金，计算职工福利费。
（39）12月31日，计提固定资产折旧。
（40）12月31日，分配本月制造费用。
（41）12月31日，计算完工产品成本并验收入库。
（42）12月31日，计算并结转已销商品销售成本。
（43）12月31日，计算并结转应交未交增值税。
（44）12月31日，计算本月应负担的城市维护建设税和教育费附加。
（45）12月31日，结转损益类账户。
（46）12月31日，计算并结转本月应交所得税。
（47）12月31日，结转全年净利润。
（48）12月31日，根据公司利润分配政策进行利润分配。
（49）12月31日，结转利润分配各明细账户。

第五章　2×23年12月份经济业务原始凭证

业务解析1

立德树人7

原始凭证 1-3-1

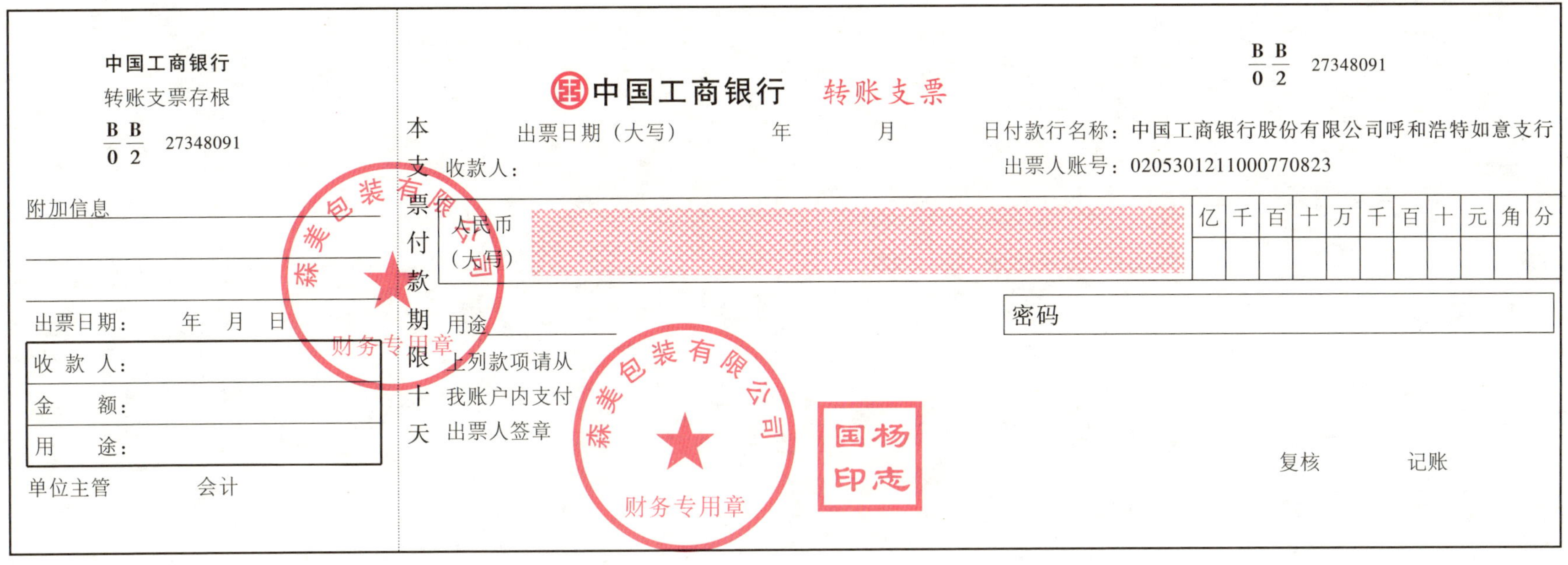

中国工商银行
转账支票存根
B B
0 2　27348091
附加信息
出票日期：　年　月　日

收款人：
金　额：
用　途：

单位主管　　会计

中国工商银行　转账支票

B B
0 2　27348091

本支票付款期限十天

出票日期（大写）　年　月　日　付款行名称：中国工商银行股份有限公司呼和浩特如意支行

收款人：　出票人账号：0205301211000770823

人民币（大写）	亿	千	百	十	万	千	百	十	元	角	分

用途　密码

上列款项请从
我账户内支付
出票人签章

森美包装有限公司 财务专用章

森美包装有限公司 财务专用章

杨国印志

复核　记账

原始凭证 1-3-2

森美包装有限公司

费用报销单

部门：行政部　　　　2×23年12月1日

<table>
<tr><td>报销金额</td><td colspan="5">（大写）壹仟元整　　　　（小写）¥ 1 000.00</td></tr>
<tr><td>开支内容</td><td colspan="5">办公用品支出</td></tr>
<tr><td rowspan="2">总经理</td><td rowspan="2"></td><td>财务负责人</td><td>部门负责人</td><td>实物保管、验收人</td><td>经办人</td></tr>
<tr><td>孙泽</td><td>张燕</td><td>沈强</td><td>李鑫</td></tr>
<tr><td colspan="6">说明：</td></tr>
</table>

附件 1 张

原始凭证 1-3-3

电子发票（普通发票）

发票号码：23150019333072979524

发票日期：2×23年12月01日

<table>
<tr><td>购买方信息</td><td colspan="3">名称：森美包装有限公司
统一社会信用代码/纳税人识别号：91150153661498535N</td><td>销售方信息</td><td colspan="3">名称：新天地商厦
统一社会信用代码/纳税人识别号：91150102789000445</td></tr>
<tr><td>项目名称</td><td>规格型号</td><td>单位</td><td>数量</td><td>单价</td><td>金额</td><td>税率/征收率</td><td>税额</td></tr>
<tr><td>*文具*办公用品</td><td></td><td></td><td></td><td></td><td>884.96</td><td>13%</td><td>115.04</td></tr>
<tr><td>合计</td><td></td><td></td><td></td><td></td><td>¥884.96</td><td></td><td>¥115.04</td></tr>
<tr><td>价税合计（大写）</td><td colspan="7">⊗壹仟元整　　　　（小写）¥1 000.00</td></tr>
<tr><td>备注</td><td colspan="7"></td></tr>
</table>

开票人：李星

原始凭证 2-1

ICBC 中国工商银行　　　　业务回单（收款）

日期：2×23年12月01日　　　　回单编号：92838054

付款人户名：内蒙古伊利实业集团股份有限公司　　　　付款人开户行：中国建设银行股份有限公司呼和浩特金川支行

付款人账号（卡号）：0100003628103432

收款人户名：森美包装有限公司　　　　收款人开户行：中国工商银行股份有限公司呼和浩特如意支行

收款人账号（卡号）：0205301211000770823

金额：壹拾贰万元整　　　　小写：¥120 000.00

业务（产品）种类：跨行收款　凭证种类：00000000　　　　凭证号码：000000000000000000000

摘要：对公收费明细入账　用途：货款　　　　币种：人民币

交易机构：0410000347　记账柜员：00023　交易代码：52323　　　　渠道：其他渠道

附言：

本回单为第1次打印，注意重复　　　　打印日期：2×23年12月01日　　　　打印柜员：9

原始凭证 3-1

业务解析 3

森美包装有限公司

材料入库单

仓库：材料库　　入库日期：2×23年12月1日　　No.190861

材料名称	规格型号	计量单位	数量		实际成本			
			应收	实收	发票价格	采购费用	合计	单价
纸板	略	吨	20	20	113 600.00		113 600.00	5 680.00

二 财务联

仓储主管：涂金芳　　保管员：高小松

原始凭证 4-3-1

业务解析 4

森美包装有限公司

产品出库单

No.191201

购买方：呼伦贝尔海乳乳业有限公司　　2×23年12月2日　　仓库：成品库

产品编号	规格	产品名称	计量单位	数量		单位成本	金额	备注
				应发	实发			
201	略	无菌枕	卷	200	200			

二 财务联

仓储主管：涂金芳　　保管员：高之昂

原始凭证 4-3-2

电子发票（增值税专用发票）

发票号码：23151500191130670773

发票日期：2×23年12月02日

购买方信息	名称：呼伦贝尔海乳乳业有限公司 统一社会信用代码/纳税人识别号： 91150700737413586G	销售方信息	名称：森美包装有限公司 统一社会信用代码/纳税人识别号：91150153661498535N

项目名称	规格型号	单位	数量	单价	金额	税率/征收率	税额
*货物*无菌枕		卷	200	4 100.00	820 000.00	13%	106 600.00
合　计					¥820 000.00		¥106 600.00
价税合计（大写）	⊗玖拾贰万陆仟陆佰元整			（小写）¥926 600.00			
备注							

开票人：张芹

原始凭证 4-3-3

ICBC 中国工商银行　　业务回单（收款）

日期：2×23年12月02日　　回单编号：92838058

付款人户名：呼伦贝尔海乳乳业有限公司　　付款人开户行：中国建设银行股份有限公司呼伦贝尔加格达奇路支行

付款人账号（卡号）：0101112546875123

收款人户名：森美包装有限公司　　收款人开户行：中国工商银行股份有限公司呼和浩特如意支行

收款人账号（卡号）：0205301211000770823

金额：玖拾贰万陆仟陆佰元整　　小写：¥926 600.00

业务（产品）种类：跨行收款　凭证种类：00000000　　凭证号码：000000000000000000000

摘要：对公收费明细入账　用途：货款　　币种：人民币

交易机构：0410000347　记账柜员：00023　交易代码：52323　　渠道：其他渠道

附言：

（印章：中国工商银行股份有限公司呼和浩特如意支行 业务专用章 J7199828J004）

本回单为第1次打印，注意重复　　打印日期：2×23年12月02日　　打印柜员：9

原始凭证 5-4-1

业务解析 5

立德树人 9

差旅费报销单

部门：财务部　　2×23年12月2日

出差人			李文				出差事由				联系业务		
出发			到达			交通工具	交通费		出差补贴		其他费用		
月	日	地点	月	日	地点		单据	金额	天数	金额	项目	单据数	金额
11	20	呼和浩特	11	21	上海	火车	1	629.00	5	1 000.00	市内车费		
11	23	上海	11	24	呼和浩特	火车	1	629.00			住宿费	1	898.00
											邮电费		
											办公用品费		
											其他		
合计								1 258.00		1 000.00			898.00
报销总额	人民币（大写）叁仟壹佰伍拾陆元整						预借差旅费		¥2 000.00		补领金额	¥1 156.00	
											退还金额	¥	

附件3张

主管：孙泽　审核：孙泽　出纳：杨明　领款人：李文

原始凭证 5-4-2

呼和浩特 Hohhot　1711次　上海南 ShangHai Nan　呼和浩特（售）

2×23年11月20日08:59开　07车015号

¥629.00元　新空调硬卧

限乘当日当次车

李文

1526011969****103X

12494000020831　L042966

原始凭证 5-4-3

上海南 ShangHai Nan　8618次　呼和浩特 Hohhot　上海南（售）

2×23年11月23日14:54　06车024号

¥629.00元　新空调硬卧

限乘当日当次车

李文

1526011969****103X

12494000020831　L042966

原始凭证 5-4-4

电子发票（普通发票）

发票号码：23051001990031177952

发票日期：2×23年11月23日

购买方信息	名称：森美包装有限公司 统一社会信用代码/纳税人识别号：91150153661498535N			销售方信息	名称：上海锦江饭店 统一社会信用代码/纳税人识别号：91310101375963 07N1		
项目名称	规格型号	单位	数量	单价	金额	税率/征收率	税额
*住宿服务*住宿费					871.84	3%	26.16
合计					¥871.84		¥26.16
价税合计（大写）	⊗捌佰玖拾捌元整				（小写）¥898.00		
备注							

开票人：郑静菊

原始凭证 6-7-1

电子发票（增值税专用发票）

发票号码：23370017232030672979

发票日期：2×23年12月03日

购买方信息	名称：森美包装有限公司 统一社会信用代码/纳税人识别号：91150153661498535N			销售方信息	名称：包头铝业有限公司 统一社会信用代码/纳税人识别号：91150201070673011X		
项目名称	规格型号	单位	数量	单价	金额	税率/征收率	税额
*金属制品*铝箔		吨	30	9 560.00	286 800.00	13%	37 284.00
合计					¥2 86 800.00		¥37 284.00
价税合计（大写）	⊗叁拾贰万肆仟零捌拾肆元整				（小写）¥324 084.00		
备注							

开票人：王磊

业务解析 6

立德树人 10

原始凭证 6-7-2

货物运输服务

电子发票（增值税专用发票）

发票号码：23370019223003062566

发票日期：2×23年12月03日

购买方信息	名称：森美包装有限公司 统一社会信用代码/纳税人识别号：91150153661498535N			销售方信息	名称：包头钢铁集团铁捷物流有限公司 统一社会信用代码/纳税人识别号：91150202BTGTJTTJX7		
项目名称	规格型号	单位	数量	单价	金额	税率/征收率	税额
*运输服务*陆路货物运输服务		次	1	2 000.00	2 000.00	9%	180.00
合计					¥2 000.00		¥180.00
价税合计（大写）	⊗贰仟壹佰捌拾元整				（小写）¥2 180.00		
备注							

开票人：王甜雪

原始凭证 6-7-3

付款申请单

申请部门：供销部　　2×23年12月3日

收款单位名称	包头铝业有限公司	付款方式	电汇
本次付款金额	大写：叁拾贰万肆仟零捌拾肆元整	小写：¥324 084.00	
收款单位开户行	中国工商银行股份有限公司包头市东河区支行铝厂分理处	账号	0202124530121100
付款事由	采购主要材料	经办人	张涛
总经理审批：同意　杨志国	财务主管：同意　孙泽	部门领导：同意　成禹南	

原始凭证 6-7-4

付款申请单

申请部门：供销部　　2×23年12月3日

收款单位名称	包头钢铁集团铁捷物流有限公司	付款方式	转账
本次付款金额	大写：贰仟壹佰捌拾元整	小写：¥2 180.00	
收款单位开户行	中国工商银行股份有限公司包头市中桥支行	账号	6227321234516776
付款事由	材料运输费	经办人	张涛
总经理审批：同意　杨志国	财务主管：同意　孙泽	部门领导：同意　成禹南	

原始凭证 6-7-5

中国工商银行 电汇凭证（回单）

委托日期 2×23年12月3日　　　　第 1 号

汇款人	全称	森美包装有限公司	收款人	全称	包头铝业有限公司
	账号	0205301211000770823		账号	0202124530121100
	汇出地	内蒙古 省 呼和浩特 市/县		汇入地	内蒙古 省 包头 市/县
汇出行名称		中国工商银行股份有限公司呼和浩特如意支行	汇入行名称		中国工商银行股份有限公司包头市东河区支行铝厂分理处
金额	人民币（大写）	叁拾贰万肆仟零捌拾肆元整			¥324 084.00

亿	千	百	十	万	千	百	十	元	角	分
		¥	3	2	4	0	8	4	0	0

支付密码

附加信息及用途：购买铝箔

汇出行签章（中国工商银行股份有限公司呼和浩特如意支行 业务专用章 D7199828D006）

复核：张芳　　记账：刘庆东

此联汇出行给汇款人的回单

原始凭证 6-7-6

ICBC 中国工商银行　　　　业务回单（付款）

日期：2×23年12月3日　　　　回单编号：92838060

付款人户名：森美包装有限公司　　　　付款人开户行：中国工商银行股份有限公司呼和浩特如意支行

付款人账号（卡号）：0205301211000770823

收款人户名：包头钢铁集团铁捷物流有限公司　　　　收款人开户行：中国工商银行股份有限公司包头市中桥支行

收款人账号（卡号）：6227321234516776

金额：贰仟壹佰捌拾元整　　　　小写：¥2 180.00

业务（产品）种类：对公收费　凭证种类：00000000　　　　凭证号码：00000000000000000000

摘要：对公收费明细入账　用途：运费　　　　币种：人民币

交易机构：0410000347　记账柜员：00023　交易代码：52323　　　　渠道：其他渠道

附言：

（中国工商银行股份有限公司呼和浩特如意支行 业务专用章 J7199828D006）

本回单为第1次打印，注意重复　　　　打印日期：2×23年12月03日　　　　打印柜员：9

原始凭证 6-7-7

森美包装有限公司

材料入库单

仓库：　　　　入库日期：　　年　月　日　　　　No.190862

材料名称	规格型号	计量单位	数量		实际成本			
			应收	实收	发票价格	采购费用	合计	单价
铅箔		吨	30	30				

二 财务联

仓储主管：涂金芳　　　　保管员：高小松

原始凭证 7-3-1

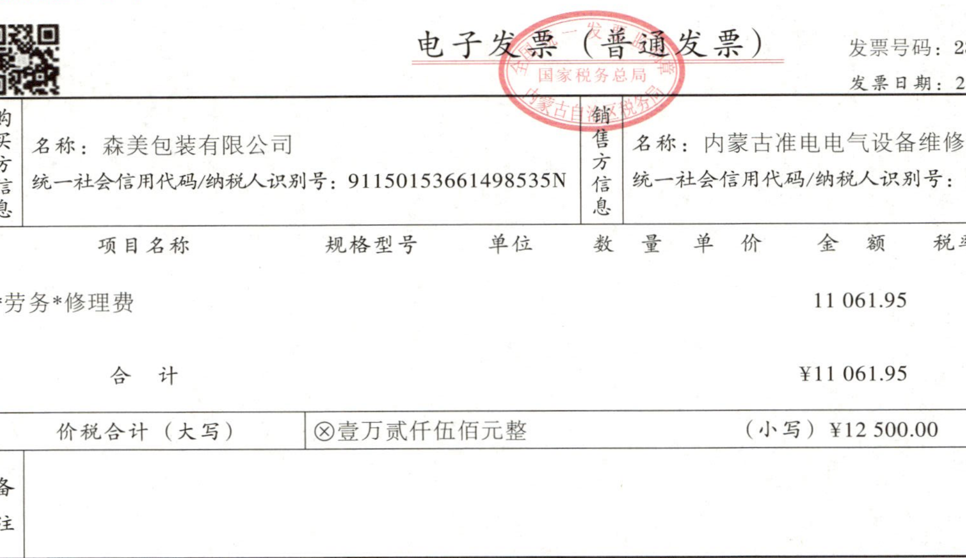

电子发票（普通发票）

发票号码：23150019333072976521

发票日期：2×23年12月03日

购买方信息	名称：森美包装有限公司 统一社会信用代码/纳税人识别号：91150153661498535N	销售方信息	名称：内蒙古准电电气设备维修公司 统一社会信用代码/纳税人识别号：911506223185655X7

项目名称	规格型号	单位	数量	单价	金额	税率/征收率	税额
*劳务*修理费					11 061.95	13%	1 438.05
合计					¥11 061.95		¥1 438.05
价税合计（大写）	⊗壹万贰仟伍佰元整				（小写）¥12 500.00		
备注							

开票人：任健

业务解析 7

原始凭证 7-3-2

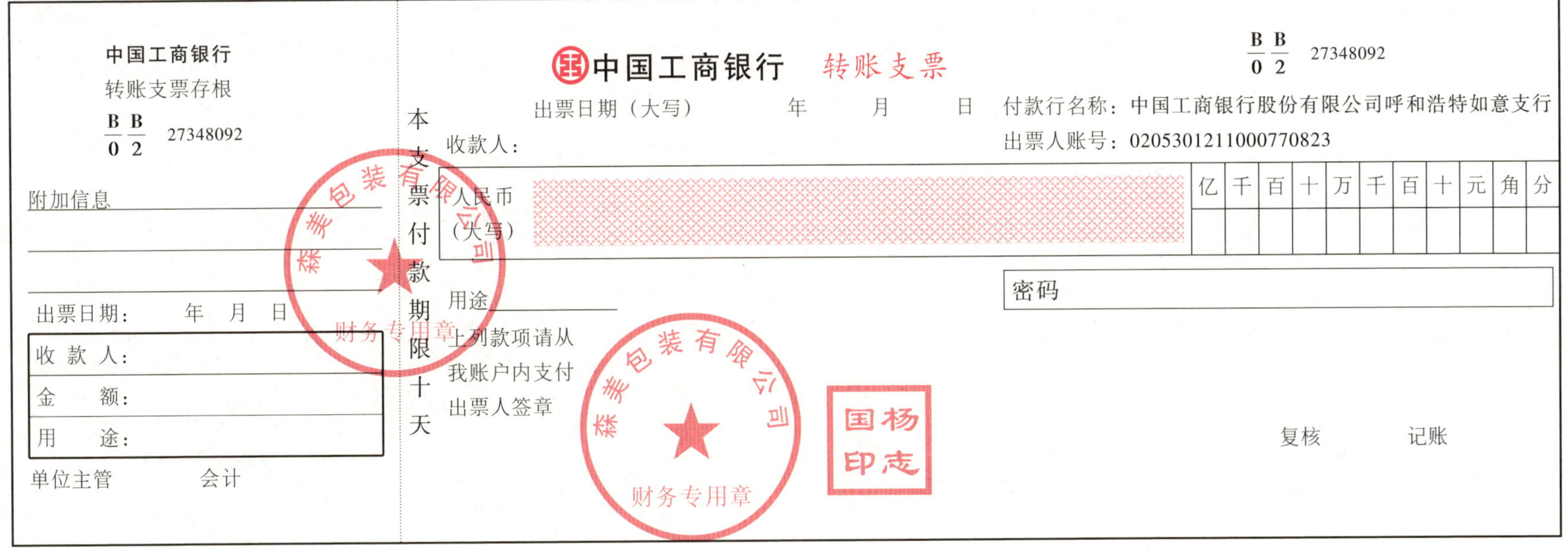

中国工商银行
转账支票存根
BB 02 27348092

附加信息

出票日期：　年　月　日

收 款 人：
金　　额：
用　　途：

单位主管　　会计

中国工商银行　转账支票　BB 02 27348092

出票日期（大写）　年　月　日　付款行名称：中国工商银行股份有限公司呼和浩特如意支行

收款人：　出票人账号：0205301211000770823

本支票付款期限十天

人民币（大写）	亿	千	百	十	万	千	百	十	元	角	分

用途　　密码

上列款项请从
我账户内支付
出票人签章

森美包装有限公司 财务专用章

杨志 国印

复核　记账

原始凭证7-3-3

森美包装有限公司

费用报销单

部门：生产部　　　　2×23年12月3日

<table>
<tr><td>报销金额</td><td colspan="5">（大写）壹万贰仟伍佰元整　　　　（小写）¥ 12 500.00</td></tr>
<tr><td>开支内容</td><td colspan="5">设备修理费</td></tr>
<tr><td rowspan="2">总经理</td><td rowspan="2"></td><td>财务负责人</td><td>部门负责人</td><td>实物保管、验收人</td><td>经办人</td></tr>
<tr><td>孙泽</td><td>段旭东</td><td></td><td>李健</td></tr>
<tr><td colspan="6">说明：</td></tr>
</table>

附件 1 张

原始凭证8-2-1

业务解析8

借款单

2×23年12月4日

<table>
<tr><td>借款人部门</td><td>供销部</td><td>借款人</td><td>王旭</td></tr>
<tr><td>借款金额</td><td colspan="2">大写：叁仟元整</td><td>小写：¥3 000.00</td></tr>
<tr><td>借款用途</td><td colspan="3">差旅费</td></tr>
<tr><td colspan="4">单位负责人：杨志国　　　财务经理：孙泽　　　部门经理：成禹南</td></tr>
<tr><td colspan="4">备注</td></tr>
</table>

原始凭证 8-2-2

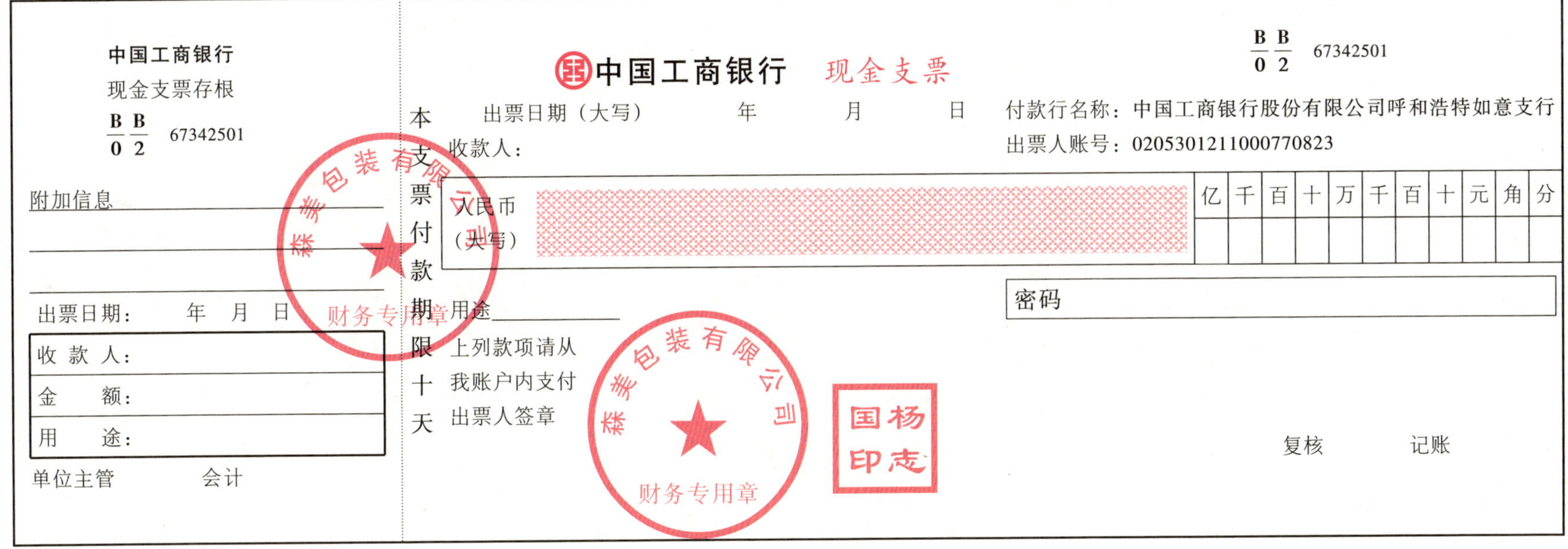

中国工商银行
现金支票存根
$\frac{BB}{02}$ 67342501

附加信息

出票日期： 年 月 日

收 款 人：
金 额：
用 途：

单位主管 会计

中国工商银行 现金支票 $\frac{BB}{02}$ 67342501

本支票付款期限十天

出票日期（大写） 年 月 日 付款行名称：中国工商银行股份有限公司呼和浩特如意支行

收款人： 出票人账号：0205301211000770823

人民币（大写）	亿	千	百	十	万	千	百	十	元	角	分

用途 密码

上列款项请从
我账户内支付
出票人签章

复核 记账

原始凭证 9-4-1

电子发票（普通发票）

发票号码：23150933307297426123

发票日期：2×23年12月05日

业务解析 9

购买方信息	名称：森美包装有限公司 统一社会信用代码/纳税人识别号：91150153661498535N			销售方信息	名称：内蒙古岩鲲传媒有限公司 统一社会信用代码/纳税人识别号：91150102MAOMXH7679		
项目名称	规格型号	单位	数量	单价	金额	税率/征收率	税额
*生活服务*职工培训					25 283.02	6%	1 516.98
合计					¥25 283.02		¥1 516.98
价税合计（大写）	⊗贰万陆仟捌佰元整				（小写）¥26 800.00		
备注							

开票人：王田

原始凭证 9-4-2

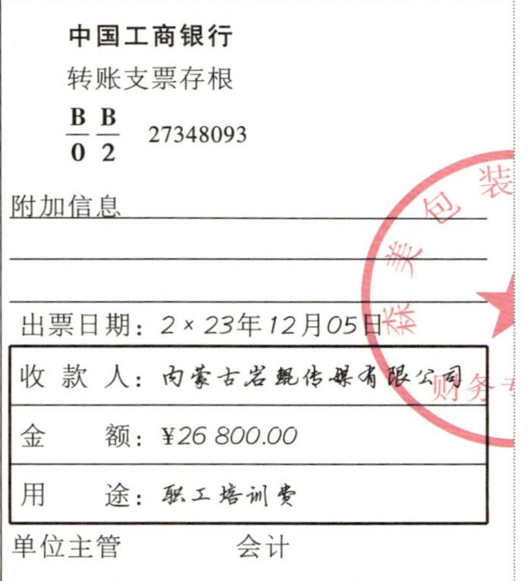

中国工商银行

转账支票存根

B B / 0 2　27348093

附加信息

出票日期：2×23年12月05日

收　款　人：内蒙古岩鲲传媒有限公司
金　　额：¥26 800.00
用　　途：职工培训费

单位主管　　　会计

原始凭证 9-4-3

森美包装有限公司
费用报销单

部门：行政部　　　2×23年12月5日

报销金额	（大写）贰万陆仟捌佰元整　（小写）¥26 800.00				
开支内容	职工培训费				
总经理		财务负责人	部门负责人	实物保管、验收人	经办人
		孙泽	张燕		王呈
说明：					

附件 1 张

原始凭证 9-4-4

培训费用分配表

2×23年12月5日　　　　　　　　金额单位：元

部门	人数	金额
行政部	28	18 760.00
生产部	12	8 040.00
合计	40	26 800.00

原始凭证 10-2-1

业务解析 10

立德树人 11

中国工商银行信用借款合同

工银借合字 260392×2312000068 号

借款单位（简称甲方）：森美包装有限公司

贷款单位（简称乙方）：中国工商银行股份有限公司呼和浩特如意支行

甲方为适应生产发展需要，根据中国工商银行企业贷款相关条例特向乙方申请短期借款，经乙方审核同意发放，为明确双方责任，恪守信用，签订本合同，共同遵守。

一、甲方向乙方借款人民币（大写）伍拾万元整，规定用于生产经营活动。

二、借款期限规定为：1年0个月，即从2×23年12月05日至2×24年12月04日。乙方保证按照计划和下达的贷款指标额度供应资金，甲方按照规定用途使用借款并按照合同约定按时还本付息。

三、利息按年4.36%计算。如遇国家贷款利率调整，按调整后的新利率和计息方法计算。

四、还款方式：到期一次还本付息。

甲方（签章）：
法定代表人（盖章）：

2×23年12月05日

乙方（签章）：
法定代表人（盖章）：

2×23年12月05日

原始凭证 10-2-2

ICBC 中国工商银行　　　　业务回单（收款）

日期：2×23 年 12 月 05 日　　　　回单编号：92838089

付款人户名：中国工商银行股份有限公司　　　　付款人开户行：中国工商银行股份有限公司呼和浩特如意支行

付款人账号（卡号）：2356235422142314221

收款人户名：森美包装有限公司　　　　收款人开户行：中国工商银行股份有限公司呼和浩特如意支行

收款人账号（卡号）：0205301211000770823

金额：伍拾万元整　　　　小写：¥500 000.00

业务（产品）种类：对公收费　凭证种类：00000000　　　　凭证号码：0000000000000000000

摘要：对公收费明细入账　用途：贷款　　　　币种：人民币

交易机构：0410000347　记账柜员：00023　交易代码：52323　　　　渠道：其他渠道

附言：

（印章：中国工商银行股份有限公司呼和浩特如意支行 业务专用章 J7199828J004）

本回单为第 1 次打印，注意重复　　　　打印日期：2×23 年 12 月 05 日　　　　打印柜员：9

原始凭证 11-3-1

业务解析 11

立德树人 12

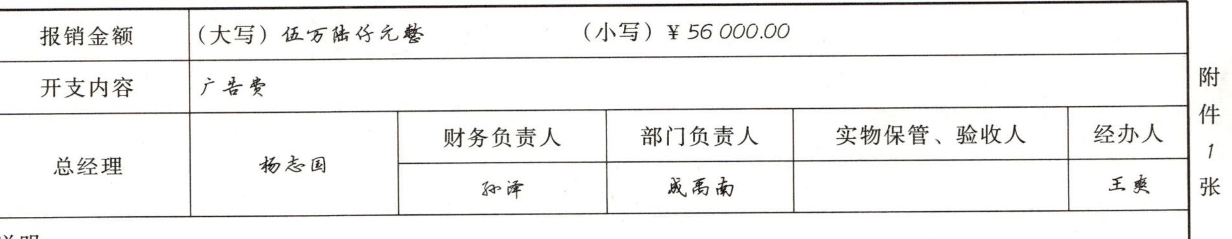

森美包装有限公司

费用报销单

部门：供销部　　　　2 × 23年 12月6日

报销金额	（大写）伍万陆仟元整　　（小写）¥ 56 000.00				
开支内容	广告费				
总经理	杨志国	财务负责人	部门负责人	实物保管、验收人	经办人
		孙泽	成禹南		王爽
说明：					

附件 1 张

原始凭证 11-3-2

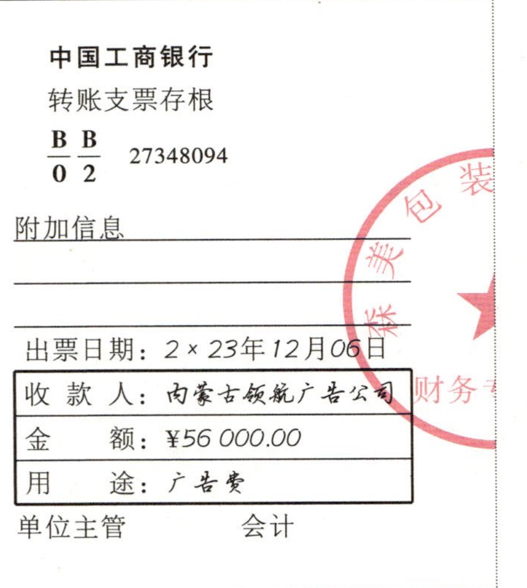

中国工商银行

转账支票存根

$\frac{B}{0}\frac{B}{2}$　27348094

附加信息

出票日期：2 × 23年 12月 06日

收 款 人：内蒙古领航广告公司
金　　额：¥56 000.00
用　　途：广告费

单位主管　　　　会计

（印章：森美包装有限公司 财务专用章）

原始凭证 11-3-3

电子发票（增值税专用发票）

发票号码：23151801911306729119

发票日期：2×23年12月06日

购买方信息	名称：森美包装有限公司 统一社会信用代码/纳税人识别号：91150153661498535N	销售方信息	名称：内蒙古领航广告公司 统一社会信用代码/纳税人识别号：91150102923832415G			
项目名称	规格型号	单位	数量	单价	金额	税率/征收率	税额
*广告服务*广告发布服务					52 830.19	6%	3 169.81
合计					¥52 830.19		¥3 169.81
价税合计（大写）	⊗伍万陆仟元整			（小写）¥56 000.00			
备注							

开票人：李敏

原始凭证 12-8-1

合同编号：2×230119

购销合同

甲方：内蒙古蒙牛乳业股份有限公司

乙方：森美包装有限公司

根据《中华人民共和国民法典》及有关法律、法规的规定，甲、乙双方本着平等、自愿、公平、互惠互利和诚实守信的原则，就产品供销的有关事宜协商一致订立本合同，以便共同遵守。

业务解析 12

一、合同价款及付款方式

甲方向乙方购买乙方所生产的无菌砖260卷，单价5 400.00元，价款共计1 404 000.00元，增值税182 520.00元。由内蒙古恒通运输公司负责装运并将该货物运达甲方指定的仓库，运费由乙方代垫，运费金额为2 000.00元。款项以委托收款方式结算，甲方收到产品并验收合格后，一次性将货款、税金及乙方代垫的运费款项支付给乙方。

二、产品质量

1.乙方保证所提供的产品货真价实，来源合法，无任何法律纠纷和质量问题，如果乙方所提供产品与第三方出现了纠纷，由此引起的一切法律后果均由乙方承担。

2.如果甲方在使用上述产品过程中，出现产品质量问题，乙方负责调换，若不能调换，予以退还。

三、违约责任

1.甲乙双方均应全面履行本合同约定，一方违约给另一方造成损失的，应当承担赔偿责任。

2.乙方未按合同约定供货的，按延迟供货的部分款，每延迟一日承担货款的万分之五违约金，延迟10日以上的，除支付违约金外，甲方有权解除合同。

四、其他约定事项

本合同一式两份，自双方签字之日起生效。如果出现纠纷，双方均可向有管辖权的人民法院提起诉讼。

甲方：内蒙古蒙牛乳业股份有限公司
开户银行：中国农业银行股份有限公司和林格尔支行
账号：62173760000102452556
2×23年12月[illegible]日

乙方：森美包装有限公司
开户银行：中国工商银行股份有限公司呼和浩特如意支行
账号：0605301211000770823
2×23年12月[illegible]7日

复印件与原件核对一致

原始凭证 12-8-2

电子发票（增值税专用发票）

发票号码：23151500191130670774

发票日期：2×23年12月07日

购买方信息	名称：内蒙古蒙牛乳业股份有限公司 统一社会信用代码/纳税人识别号：91150100902546524Y	销售方信息	名称：森美包装有限公司 统一社会信用代码/纳税人识别号：91150153661498535N

项目名称	规格型号	单位	数量	单价	金额	税率/征收率	税额
*货物*无菌砖		卷	260	5 400.00	1 404 000.00	13%	182 520.00
合计					¥1 404 000.00		¥182 520.00
价税合计（大写）	⊗壹佰伍拾捌万陆仟伍佰贰拾元整			（小写）¥1 586 520.00			
备注							

开票人：张芹

原始凭证 12-8-3

森美包装有限公司

产品出库单

No.231202

购买方：内蒙古蒙牛乳业股份有限公司　　2×23年12月7日　　仓库：成品库

产品编号	规格	产品名称	计量单位	数量 应发	数量 实发	单位成本	金额	备注
202	略	无菌砖	卷	260	260			

二财务联

仓储主管：涂金芳　　保管员：高之昂

原始凭证 12-8-4

合同编号：2×230120

代垫运费协议

甲方（供货商）：森美包装有限公司

乙方（客户）：内蒙古蒙牛乳业股份有限公司

丙方（承运人）：内蒙古恒通运输公司

甲乙丙三方因业务往来，甲方委托丙方为其代理运输业务，达成如下协议：

甲方260卷无菌砖委托丙方蒙A 56820（车牌号）运输到乙方仓库，运输费2 000.00元，运输费由甲方代垫。运费与货款一并采用委托收款方式结算。

本协议由三方签字后生效，一式三份，甲乙丙各执一份。

复印件与原件核对一致

甲方（供货商）：森美包装有限公司（章）　　乙方（客户）：内蒙古蒙牛乳业股份有限公司（章）　　丙方（承运人）：内蒙古恒通运输公司（章）

法定代表人：杨国志（印）　　法定代表人：赵晨（印）　　法定代表人：马宇明（印）

2×23年12月02日　　2×23年12月02日　　2×23年12月02日

原始凭证 12-8-5

付款申请单

申请部门：供销部　　　　2×23年12月7日

收款单位名称	内蒙古恒通运输公司	付款方式	转账支票
本次付款金额	人民币大写：贰仟元整	小写：¥2 000.00	
收款单位开户行	兴业银行呼和浩特市海拉尔路支行	账号	5656567734242514769
付款事由	代垫运费	经办人	张涛
总经理审批：同意　杨志国	财务主管：同意　孙泽	部门领导：同意　戚禹南	

原始凭证 12-8-6

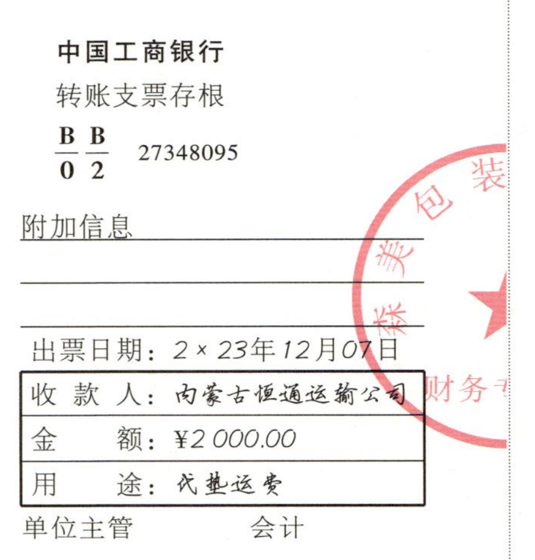

中国工商银行

转账支票存根

$\frac{B}{0}\frac{B}{2}$ 27348095

附加信息

出票日期：2×23年12月07日

收款人：内蒙古恒通运输公司
金额：¥2 000.00
用途：代垫运费

单位主管　　会计

原始凭证 12-8-7

货物运输服务

电子发票（增值税专用发票）

发票号码：23153100191130672961

发票日期：2×23年12月07日

购买方信息	名称：内蒙古蒙牛乳业股份有限公司 统一社会信用代码/纳税人识别号：91150100902546524Y	销售方信息	名称：内蒙古恒通运输公司 统一社会信用代码/纳税人识别号：91150102925632125G

项目名称	规格型号	单位	数量	单价	金额	税率/征收率	税额
*运输服务*运输费					1 834.86	9%	105.14
合计					¥1 834.86		¥105.14
价税合计（大写）	⊗贰仟元整				（小写）¥2 000.00		
备注							

开票人：任丽云

始凭证 12-8-8

托收凭证（受理回单） 1

委托日期　2×23年12月07日

业务类型	委托收款：☑邮划、☐电划　托收承付：☐邮划、☐电划					
付款人	全称	内蒙古蒙牛乳业股份有限公司		收款人	全称	森美包装有限公司
	账号	62173760000102452556			账号	0205301211000770823
	地址	内蒙古呼和浩特 市/县	开户行：中国农业银行股份有限公司和林格尔支行		地址	内蒙古呼和浩特 市/县　开户行：中国工商银行股份有限公司呼和浩特如意支行

金额	人民币（大写）	亿	千	百	十	万	千	百	十	元	角	分
	壹佰伍拾捌万捌仟伍佰贰拾元整		¥	1	5	8	8	5	2	0	0	0

款项内容	托收凭据名称	附寄单证张数
无菌砖	增值税专用发票；购销合同；代垫运费协议；运费发票	4

商品发运情况	合同名称号码
汽车运输	2×230119，2×230120

备注： 复核：　　记账：	收款人开户银行签章 2×23年12月07日

此联作收款人开户银行给收款人的受理回单

原始凭证 13-3-1

中国工商银行电子缴税付款凭证

缴税日期：2×23年12月08日　　凭证字号：2×23072188182991

纳税人全称及纳税人识别号：森美包装有限公司　91150153661498535N

付款人全称：森美包装有限公司

付款人账号：0205301211000770823　　征收机关名称：呼市税务局直属三分局

付款人开户行：中国工商银行股份有限公司呼和浩特如意支行　　收款国库（银行）名称：国家金库新城区支库

小写（合计）金额：¥102 400.00　　缴款书交易流水号：00019120

大写（合计）金额：壹拾万零贰仟肆佰元整　　税票号码：320160720000205818

税（费）种名称：	所属日期：	实缴金额：（单位：元）
增值税	2×231101-2×231130	¥102 400.00

第一次打印　　打印时间：2×23年12月08日

客户回单联　　验证码：F52A1AC09006　　复核：　　记账：

业务解析 13

立德树人 13

原始凭证 13-3-2

中国工商银行电子缴税付款凭证

缴税日期：2×23 年 12 月 08 日　　　　凭证字号：2×23072188182992

纳税人全称及纳税人识别号：森美包装有限公司 91150153661498535N

付款人全称：森美包装有限公司

付款人账号：0205301211000770823　　　　征收机关名称：呼市税务局直属三分局

付款人开户行：中国工商银行股份有限公司呼和浩特如意支行　　　　收款国库（银行）名称：国家金库新城区支库

小写（合计）金额：¥10 240.00　　　　缴款书交易流水号：00019121

大写（合计）金额：壹万零贰佰肆拾元整　　　　税票号码：320160720000205819

税（费）种名称：	所属日期：	实缴金额：（单位：元）
城市维护建设税	2×231101-2×231130	¥7 168.00
教育费附加	2×231101-2×231130	¥3 072.00

中国工商银行股份有限公司呼和浩特如意支行 业务专用章 J7199828D014

第一次打印　　　　打印时间：2×23 年 12 月 08 日

客户回单联　　验证码：F52A1AC09007　　复核：　　记账：

原始凭证 13-3-3

中国工商银行电子缴税付款凭证

缴税日期：2×23 年 12 月 08 日　　　　凭证字号：2×23072188182993

纳税人全称及纳税人识别号：森美包装有限公司 91150153661498535N

付款人全称：森美包装有限公司

付款人账号：0205301211000770823　　　　征收机关名称：呼市税务局直属三分局

付款人开户行：中国工商银行股份有限公司呼和浩特如意支行　　　　收款国库（银行）名称：国家金库新城区支库

小写（合计）金额：¥2 400.00　　　　缴款书交易流水号：00019122

大写（合计）金额：贰仟肆佰元整　　　　税票号码：320160720000205820

税（费）种名称：	所属日期：	实缴金额：（单位：元）
个人所得税	2×231101-2×231130	¥2 400.00

中国工商银行股份有限公司呼和浩特如意支行 业务专用章 J7199828D015

第一次打印　　　　打印时间：2×23 年 12 月 08 日

客户回单联　　验证码：F52A1AC09008　　复核：　　记账：

原始凭证 14-4-1

中国工商银行电子缴税付款凭证

缴税日期：2×23年12月09日　　　　凭证字号：2×23072188182994

纳税人全称及纳税人识别号：森美包装有限公司　91150153661498535N
付款人全称：森美包装有限公司
付款人账号：0205301211000770823　　　　征收机关名称：呼市税务局直属三分局
付款人开户行：中国工商银行股份有限公司呼和浩特如意支行　　　　收款国库（银行）名称：国家金库新城区支库
小写（合计）金额：¥104 704.32　　　　缴款书交易流水号：00019123
大写（合计）金额：壹拾万零肆仟柒佰零肆元叁角贰分　　　　税票号码：320160720000205821

税（费）种名称	所属日期：	实缴金额：（单位：元）
养老保险	2×231101-2×231130	¥74 456.42
医疗保险	2×231101-2×231130	¥27 921.14
失业保险	2×231101-2×231130	¥2 326.76

中国工商银行股份有限公司呼和浩特如意支行 业务专用章 J7199828D016

第一次打印　　　　打印时间：2×23年12月09日

客户回单联　　验证码：F52A1AC09009　　复核：　　记账：

始凭证 14-4-2

中国工商银行电子缴税付款凭证

缴税日期：2×23年12月09日　　　　凭证字号：2×23072188182995

纳税人全称及纳税人识别号：森美包装有限公司　91150153661498535N
付款人全称：森美包装有限公司
付款人账号：0205301211000770823　　　　征收机关名称：呼市税务局直属三分局
付款人开户行：中国工商银行股份有限公司呼和浩特如意支行　　　　收款国库（银行）名称：国家金库新城区支库
小写（合计）金额：¥48 862.01　　　　缴款书交易流水号：00019124
大写（合计）金额：肆万捌仟捌佰陆拾贰元零角壹分　　　　税票号码：320160720000205822

税（费）种名称：	所属日期：	实缴金额：（单位：元）
养老保险	2×231101-2×231130	¥37 228.20
医疗保险	2×231101-2×231130	¥9 307.05
失业保险	2×231101-2×231130	¥2 326.76

中国工商银行股份有限公司呼和浩特如意支行 业务专用章 J7199828D017

第一次打印　　　　打印时间：2×23年12月09日

客户回单联　　验证码：F52A1AC09010　　复核：　　记账：

原始凭证 14-4-3

呼和浩特市住房公积金管理中心
住房公积金汇缴款书

主机流水号	4879		交易日期	2×23-12-09
单位名称	森美包装有限公司			
单位账号	0205301211000770823		暂收账号	
汇缴登记号	678643		缴款方式	转账支票
支票号码	27348096		备注（其他）	
代办单位编号			代办单位名称	
缴交金额（大写）	玖万叁仟零柒拾元肆角捌分		缴交金额（小写）	￥93 070.48
起始月份	2×2311	终止月份 2×2311	人数	92
经办柜员：章文慧 经办机构：市本级管理部			单位交款人（经办人）签字： 杨明	

呼和浩特市住房公积金管理中心 业务专用章

原始凭证 14-4-4

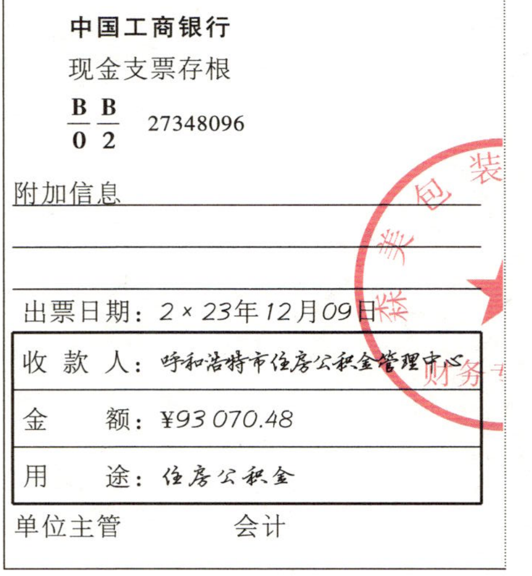
中国工商银行
现金支票存根
$\frac{B}{0}\frac{B}{2}$ 27348096
附加信息
出票日期：2×23年12月09日
收 款 人：呼和浩特市住房公积金管理中心
金　　额：￥93 070.48
用　　途：住房公积金
单位主管　　会计

原始凭证 15-4-1

业务解析 15

电子发票（增值税专用发票）

发票号码：23151204391130672911

发票日期：2×23年12月10日

购买方信息	名称：森美包装有限公司 统一社会信用代码/纳税人识别号：91150153661498535N	销售方信息	名称：内蒙古呼和浩特市联通公司 统一社会信用代码/纳税人识别号：91150105623832448T

项目名称	规格型号	单位	数量	单价	金额	税率/征收率	税额
*电信服务*互联网接入服务					1 080.00	9%	97.20
*电信服务*语音通话服务					2 250.46	9%	202.54
合　计					¥3 330.46		¥299.74
价税合计（大写）	⊗叁仟陆佰叁拾元零贰角整				（小写）¥3 630.20		
备注							

开票人：段婷婷

原始凭证 15-4-2

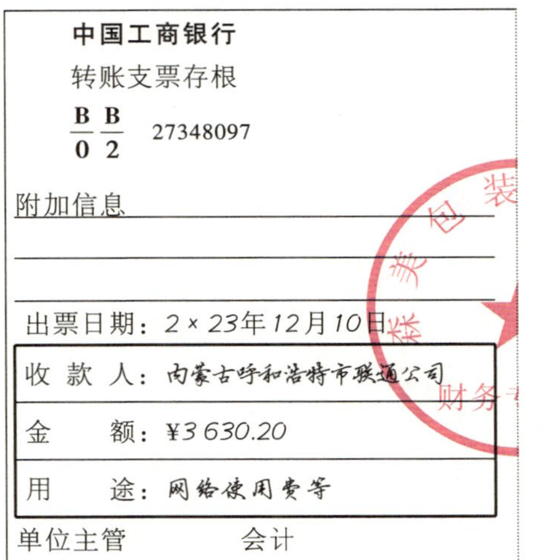

中国工商银行

转账支票存根

$\frac{B}{0}\frac{B}{2}$ 27348097

附加信息

出票日期：2×23年12月10日

收款人：内蒙古呼和浩特市联通公司
金　额：¥3 630.20
用　途：网络使用费等

单位主管　　会计

原始凭证 15-4-3

森美包装有限公司

费用报销单

部门：　　　　年　月　日

报销金额	（大写）　　　　（小写）¥				
开支内容					
总经理		财务负责人	部门负责人	实物保管、验收人	经办人
说明：					

附件　张

原始凭证 15-4-4

网络使用费与电话费分配表

2×23年12月10日

部门	网络使用费	电话费	金额
生产部	440.00	400.00	840.00
行政部	220.00	1 010.00	1 230.00
供销部	120.00	373.00	493.00
质量部	100.00	37.46	137.46
财务部	100.00	200.00	300.00
仓储部	100.00	230.00	330.00
合计	1080.00	2 250.46	3 330.46

复核：孙 泽　　　　制单：杨 明

原始凭证 16-6-1

合同编号：2×230121

业务解析 16

购销合同

甲方：森美包装有限公司

乙方：包钢集团机械设备制造有限公司

根据《中华人民共和国民法典》及有关法律、法规的规定，甲、乙双方本着平等、自愿、公平、互惠互利和诚实守信的原则，就产品供销的有关事宜协商一致订立本合同，以便共同遵守。

一、合同主要内容

甲方向乙方购买GR-35压痕机壹台，价款283 000.00元，增值税36 790.00元。乙方负责将货物运到呼和浩特市赛罕区如意工业园区23号，甲方收到货物验收合格后，向承运方包头钢铁集团铁捷物流有限公司以银行转账的方式支付运费5 000.00元。设备价款暂欠。

二、产品质量

乙方保证所提供的产品货真价实，来源合法，无任何法律纠纷和质量问题，如果乙方所提供产品与第三方出现了纠纷，由此引起的一切法律后果均由乙方承担。

如果甲方在使用上述产品过程中，出现产品质量问题，乙方负责调换，若不能调换，予以退还。

三、违约责任

1. 甲乙双方均应全面履行本合同约定，一方违约给另一方造成损失的，应当承担赔偿责任。

2. 乙方未按合同约定供货的，按延迟供货的部分款，每延迟一日承担货款的万分之五违约金，延迟10日以上的，除支付违约金外，甲方有权解除合同。

3. 甲方未按照合同约定的期限结算的，应按照中国人民银行有关延期付款的规定，延迟一日，需支付结算货款的万分之五的违约金；延迟10日以上的，除支付违约金外，乙方有权解除合同。

4. 甲方不得无故拒绝接货，否则应当承担由此造成的损失和运输费用。

5. 合同解除后，双方应当按照本合同的约定进行对账和结算，不得刁难。

四、其他约定事项

本合同一式两份，自双方签字之日起生效。如果出现纠纷，双方均可向有权的人民法院提起诉讼。

甲方：森美包装有限公司
开户银行：中国工商银行股份有限公司
呼和浩特如意支行
账号：0205301211000770823
2×23年12月07日

乙方：包钢集团机械设备制造有限公司
开户银行：中国工商银行股份有限公司
包头市阿尔丁大街支行
账号：227321462586754
2×23年12月07日

原始凭证 16-6-2

电子发票（增值税专用发票）

发票号码：23150019113067063422

发票日期：2×23年12月11日

购买方信息	名称：森美包装有限公司 统一社会信用代码/纳税人识别号：91150153661498535N	销售方信息	名称：包钢集团机械设备制造有限公司 统一社会信用代码/纳税人识别号：91150201623834380G

项目名称	规格型号	单位	数量	单价	金额	税率/征收率	税额
*数控机床及加工机械*压痕机	CR-35		1	283 000.00	283 000.00	13%	36 790.00
合计					¥283 000.00		¥36 790.00
价税合计（大写）	⊗叁拾壹万玖仟柒佰玖拾元整				（小写）¥319 790.00		
备注							

开票人：王嫒嫒

原始凭证 16-6-3

付款申请单

申请部门：供销部　　2×23年12月11日

收款单位名称	包头钢铁集团铁捷物流有限公司	付款方式	转账
本次付款金额	大写：伍仟元整　小写：¥5 000.00		
收款单位开户行	中国工商银行股份有限公司包头市中桥支行	账号	6227321234516776
付款事由	运费	经办人	张涛
总经理审批：同意　杨志国	财务主管：同意　孙泽	部门领导：同意　戚雨南	

原始凭证 16-6-4

ICBC 中国工商银行　业务回单（付款）

日期：2×23年12月11日　　回单编号：92838060

付款人户名：森美包装有限公司　　付款人开户行：中国工商银行股份有限公司呼和浩特如意支行

付款人账号（卡号）：0205301211000770823

收款人户名：包头钢铁集团铁捷物流有限公司　　收款人开户行：中国工商银行股份有限公司包头市中桥支行

收款人账号（卡号）：6227321234516776

金额：伍仟元整　　小写：¥5 000.00

业务（产品）种类：对公收费　凭证种类：00000000　　凭证号码：0000000000000000000

摘要：对公收费明细入账　用途：付运费　　币种：人民币

交易机构：0410000298　记账柜员：00023　交易代码：52603　　渠道：其他渠道

附言：

本回单为第1次打印，注意重复　　打印日期：2×23年12月11日　　打印柜员：6

原始凭证 16-6-5

货物运输服务

电子发票（增值税专用发票）

发票号码：23150019213067060786

发票日期：2×23年12月11日

购买方信息	名称：森美包装有限公司 统一社会信用代码/纳税人识别号：91150153661498535N	销售方信息	名称：包头钢铁集团铁捷物流有限公司 统一社会信用代码/纳税人识别号：91150202BTGTJTTJX7

项目名称	规格型号	单位	数量	单价	金额	税率/征收率	税额
*运输服务*陆路货物运输服务					4 587.16	9%	412.84
合计					¥4 587.16		¥412.84
价税合计（大写）	⊗伍仟元整				（小写）¥5 000.00		
备注							

开票人：李娟

原始凭证 16-6-6

森美包装有限公司

固定资产验收单

2×23年12月11日

资产信息	资产名称		规格型号	单位	数量	来源	资产状态
	压痕机		GR-35	台	1	外购	全新
支付情况	设备费	材料费	安装费	借款利息		其他	合计
	283 000.00					4 587.16	287 587.16
管理部门	编号	类别	折旧年限	预计净残值率			使用部门
	Jq-287	机器设备	5年	5%			生产部

原始凭证 17-3-1

业务解析 17

中国光大银行信用借款合同

光银借合字 15039002×23061 号

借款单位（简称甲方）： 森美包装有限公司

贷款单位（简称乙方）： 中国光大银行呼和浩特分行

甲方为适应生产发展需要，根据 光大银行企业贷款相关条例 特向乙方申请 短期 借款，经乙方审核同意发放，为明确双方责任，恪守信用，签订本合同，共同遵守。

一、甲方向乙方借款人民币（大写）伍拾万元整，规定用于 生产经营活动 。

二、借款期限规定为： 0 年 6 个月，即从 2×23 年 6 月 12 日至 2×23 年 12 月 12 日。乙方保证按照计划和下达的贷款指标额度供应资金，甲方按照规定用途使用借款并按照合同约定按时还本付息。

三、利息按年 4.36% 计算。利息与本金一并到期偿还。

贷款方（公章）：　　　　借款方（公章）：

法定代表人（盖章）：　　　　法定代表人（盖章）：

2×23 年 06 月 12 日　　　　2×23 年 06 月 12 日

原始凭证 17-3-2

Bank 中国光大银行　　内部通用凭证

机构号：5012　　机构名称：呼和浩特分行　　日期：2×231212　　币种：人民币

户名	森美包装有限公司		借据号	15039002019061	
流水号	501201880003	贷款账号	1025301211000770856	客户号	190773240
本次还本金总额	人民币：伍拾万元整		RMB：￥500 000.00		
本次还款后贷款余额明细					
本金	0.00	欠息	0.00		
备注信息					

监督：

原始凭证 17-3-3

中国光大银行　电子回单

电子回单号：2×23121299501200009200000000003　电子回单查询：未生成

付款人	户名	森美包装有限公司	收款人	户名	
	账号	1025301211000770856		账号	
	开户行	中国光大银行呼和浩特分行		开户行	
金额大写		人民币：壹万零玖佰元整	RMB：￥10 900.00		
用途		偿还到期短期借款利息，还款借据号：15039002019061			
		验证码 CCC5423562734A76	流水号	9961200087	

记账日期：2×23-12-12

重要提示：本回单不作为收款方发货依据，请勿重复记账。

原始凭证 18-4-1

投资协议

业务解析 18

乌海市机电有限责任公司（简称甲方）：

森美包装有限公司（简称乙方）：

经过友好协商，根据《中华人民共和国民法典》，于2×23年12月04日就投资事宜达成如下协议：

一、甲方以自用的中央除尘设备向乙方投资，投资之前，甲乙双方不存在关联方关系。该设备系甲方于2×20年7月购入，其原值为680 000.00元，已提折旧80 000.00元，没有计提减值准备。2×23年12月份，该设备在活跃市场上公允价值为500 000.00元，增值税为65 000.00元，价税合计金额为565 000.00元。由于接受新投资，投资当日乙方申请将注册资本总额由5 000 000.00元变更为5 500 000.00元，其中甲方享有乙方变更后注册资本5%的份额，但甲方不参与乙方2×23年的年度利润分配。

二、甲方于签订协议以后10天内，办理过户手续，并将设备送到乙方手中。过户手续费由甲方承担。

三、本协议一式两份，双方各执一份，经双方签字盖章后生效。

本协议经全体共同投资人签字盖章后即生效，但甲方不参与乙方2×23年的年度利润分配。

甲方（签字）：乌海市机电有限责任公司

甲方代表：

2×23年12月04日

乙方（签字）：森美包装有限公司

乙方代表：

2×23年12月04日

原始凭证 18-4-2

评估报告摘要

京审资评字〔2×23〕第078号

一、委托方及产权持有者

委托方及产权持有者为乌海市机电有限责任公司。

二、评估报告使用者

委托方、产权持有者以及业务约定书中约定的其他评估报告使用者和国家法律、法规规定的评估报告使用者。

三、评估目的

为委托方拟处置固定资产提供价值参考。

四、评估对象及评估范围

评估对象为委托方拟进行处置的固定资产，评估范围为中央除尘设备1台。

五、价值类型

价值类型为市场价值。

六、评估基准日

评估基准日为2×23年12月02日。

七、评估方法

评估方法为重置成本法。

八、评估结论

乌海市机电有限责任公司申报的固定资产中央除尘设备账面价值为60万元，评估价值为50万元（不含增值税），评估减值10万元，增值率为-16.67%。

本评估结论有效使用期限自评估基准日起一年，即自2×23年12月02日至2×24年12月02日内使用有效。

以上内容摘自评估报告正文，欲了解本评估工程的详细情况和合理理解评估结论，应当阅读评估报告正文。（正文略）

北京京审会计师事务所有限公司

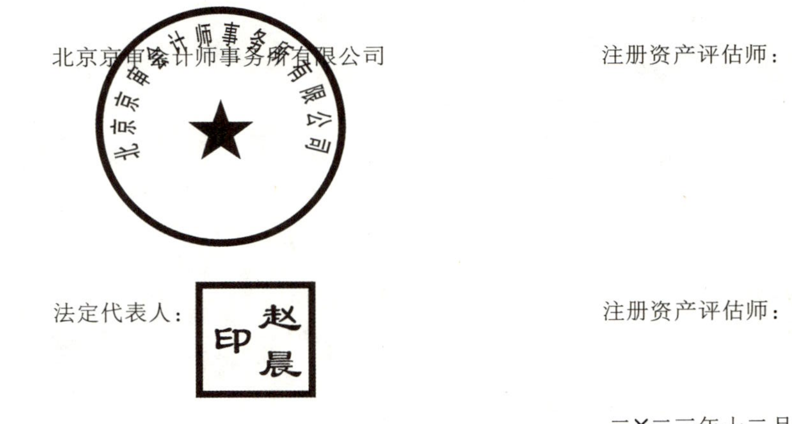

法定代表人：

注册资产评估师：

注册资产评估师：

二×二三年十二月二日

复印件与原件核对一致

原始凭证 18-4-3

电子发票（增值税专用发票）

发票号码：23150017230670607709

发票日期：2×23年12月12日

购买方信息	名称：森美包装有限公司 统一社会信用代码/纳税人识别号：91150153661498535N	销售方信息	名称：乌海市机电有限责任公司 统一社会信用代码/纳税人识别号：91120301289018306G

项目名称	规格型号	单位	数量	单价	金额	税率/征收率	税额
*通用设备*中央除尘设备	TR-GU801		1	500 000.00	500 000.00	13%	65 000.00
合计					¥500 000.00		¥65 000.00
价税合计（大写）	⊗伍拾陆万伍仟元整			（小写）¥565 000.00			
备注							

开票人：边枚

原始凭证 18-4-4

森美包装有限公司

固定资产验收单

2×23年12月12日

金额单位：元

资产信息	资产名称		规格型号	单位	数量	来源	资产状态
	中央除尘设备		TR-GU801	台	1	接受投资	旧设备
支付情况	设备费	材料费	安装费	借款利息		其他	合计
	500 000.00						500 000.00
管理部门	编号	类别	折旧年限	预计净残值率			使用部门
	Jq-288	机器设备	10年	5%			生产车间

原始凭证 19-3-1

电子发票（增值税专用发票）

发票号码：23150019113067060754

发票日期：2×23年12月13日

业务解析 19

购买方信息	名称：森美包装有限公司 统一社会信用代码/纳税人识别号：91150153661498535N	销售方信息	名称：内蒙古会展中心 统一社会信用代码/纳税人识别号：91150102925643210Y

项目名称	规格型号	单位	数量	单价	金额	税率/征收率	税额
*会议展览服务*会展服务					28 301.89	6%	1 698.11
合计					¥28 301.89		¥1 698.11
价税合计（大写）	⊗叁万元整			（小写）¥30 000.00			
备注							

开票人：谢金琪

原始凭证 19-3-2

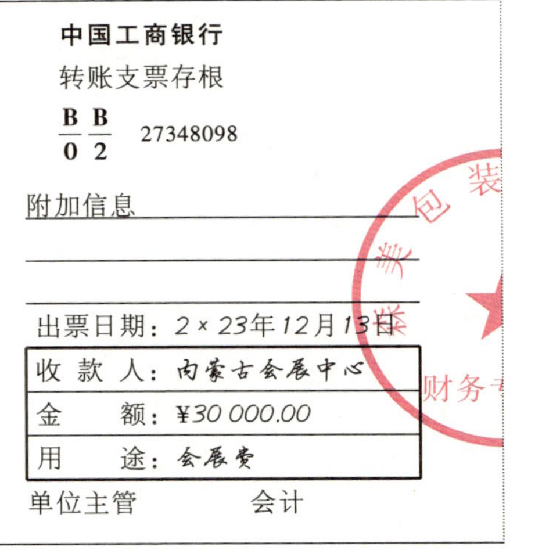
中国工商银行
转账支票存根
$\frac{B}{0}\frac{B}{2}$ 27348098
附加信息

出票日期：2×23年12月13日

收 款 人：	内蒙古会展中心
金　　额：	¥30 000.00
用　　途：	会展费

单位主管　　　会计

原始凭证 19-3-3

森美包装有限公司

费用报销单

部门：供销部　　　2×23年12月13日

报销金额	（大写）叁万元整　　（小写）¥30 000.00				
开支内容	会展费				
总经理	杨志国	财务负责人	部门负责人	实物保管、验收人	经办人
		孙泽	成禹南		王丽娜
说明：					

附件 1 张

原始凭证 20-4-1

森美包装有限公司

设备报废申请单

2×23年12月14日

业务解析 20

设备名称	蒸汽式冷风机	购入时间	2×16年7月	已使用月份	89个月
设备编号	Rt-9y	原值	538 019.48元	已提折旧	379 079.48元
使用部门	生产车间	折余价值	158 940.00元	预计净残值率	5%
报废原因	设备老化，需要更换新设备				
使用部门意见	转入清理				
设备管理部门意见	情况属实，同意转入清理				
主管领导意见	同意设备管理部门意见				
备注					

原始凭证 20-4-2

电子发票（普通发票）

发票号码：23150014333072970420

发票日期：2×23年12月14日

购买方信息	名称：森美包装有限公司 统一社会信用代码/纳税人识别号：91150153661498535N	销售方信息	名称：如意家政公司 统一社会信用代码/纳税人识别号：911501050578177915				
项目名称	规格型号	单位	数量	单价	金额	税率/征收率	税额
*物流辅助服务*装卸搬运服务					1 886.79	6%	113.21
合计					¥1 886.79		¥113.21
价税合计（大写）	⊗贰仟元整				（小写）¥2 000.00		
备注							

开票人：赵丽云

原始凭证 20-4-3

付款申请单

申请部门：生产部　　2×23年12月14日

收款单位名称	如意家政公司	付款方式	现金
本次付款金额	大写：人民币贰仟元整	小写：¥2 000.00	
收款单位开户行	中国工商银行股份有限公司呼和浩特如意支行	账号	3227355462589078
付款事由	固定资产清理费	经办人	段旭东
总经理审批：同意 杨志国	财务主管：同意 孙泽	部门领导：同意 段旭东	

原始凭证 20-4-4

森美包装有限公司

材料入库单

仓库：材料库　　入库日期：2×23年12月14日　　No.230863

材料名称	规格型号	计量单位	数量		实际成本			
			应收	实收	发票价格	采购费用	合计	单价
废料	略	千克	30	30			3 000.00	100.00

二 财务联

仓储主管：涂金芳　　保管员：高小松

原始凭证 21-3-1

业务解析 21

电子发票（增值税专用发票）

发票号码：23151500191130660775

发票日期：2×23年12月15日

购买方信息	名称：北京三元食品股份有限公司 统一社会信用代码/纳税人识别号：911100018346584876	销售方信息	名称：森美包装有限公司 统一社会信用代码/纳税人识别号：91150153661498535N

项目名称	规格型号	单位	数量	单价	金额	税率/征收率	税额
*货物*无菌枕		卷	260	4 100.00	1 066 000.00	13%	138 580.00
合计					¥1 066 000.00		¥138 580.00
价税合计（大写）	⊗壹佰贰拾万零肆仟伍佰捌拾元整				（小写）¥1 204 580.00		
备注							

开票人：张芹

原始凭证 21-3-2

打印日期：2×23-12-15

打印次数：一

电子银行承兑汇票

页码：第一页共一页

出票日期：2×23-12-15

票据状态：提示付款待签收

汇票到期日：2×24-01-15

票据号码：110220500546620150508891237667

出票人	全称	北京三元食品股份有限公司	收款人	全称	森美包装有限公司
	账号	5613352556144465665		账号	0205301211000770823
	开户银行	中国农业银行股份有限公司北京怀柔支行		开户银行	中国工商银行股份有限公司呼和浩特如意支行
出票保证信息	保证人名称： 保证人地址： 保证日期：				
票据金额	人民币（大写）：壹佰贰拾万零肆仟伍佰捌拾元整 百 十 亿 千 百 十 万 千 百 十 元 角 分 ¥ 1 2 0 4 5 8 0 0 0				
承兑人信息	全称	中国农业银行股份有限公司北京怀柔支行	开户行行号	107163535520	
	账号	5613352556144463476	开户行名称	中国农业银行股份有限公司北京怀柔支行	
交易合同号	10201150		承兑信息	出票人承诺：本汇票请予以承兑，到期无条件付款 承兑人承兑：本汇票已经承兑，到期无条件付款 承兑日期：　年　月　日	
能否转让	可再转让				
承兑保证信息	保证人名称： 保证人地址： 保证日期：				
评级信息（由出票人、承兑人自己记载，仅供参考）	出票人	评级主体： 信用等级： 评级到期日：			
	承兑行	评级主体： 信用等级： 评级到期日			

原始凭证 21-3-3

森美包装有限公司

产品出库单

No.231203

购买方：北京三元食品股份有限公司　　2×23年12月15日　　仓库：成品库

产品编号	规格	产品名称	计量单位	数量		单位成本	金额	备注
				应发	实发			
201	略	无菌袋	卷	260	260			

二 财务联

仓储主管：涂金芳　　保管员：高之昂

原始凭证 22-4-1

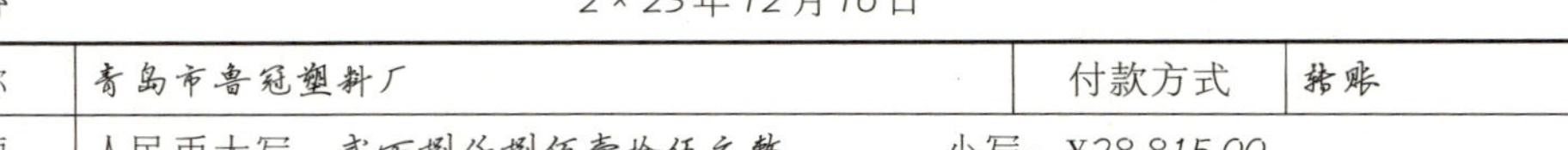

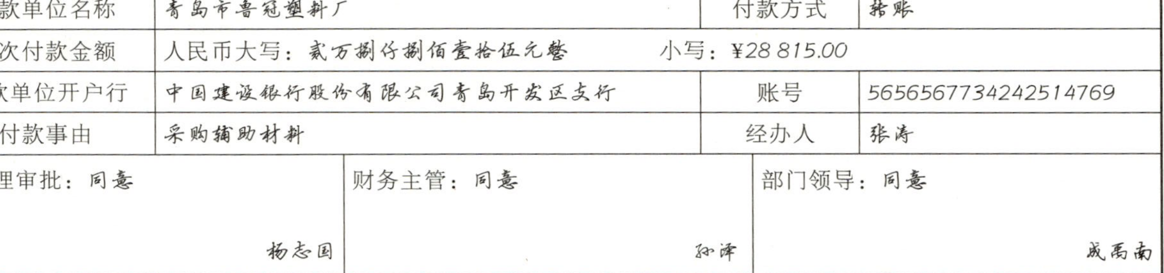

付款申请单

业务解析 22

申请部门：供销部　　2×23年12月16日

收款单位名称	青岛市鲁冠塑料厂	付款方式	转账
本次付款金额	人民币大写：贰万捌仟捌佰壹拾伍元整　　小写：¥28 815.00		
收款单位开户行	中国建设银行股份有限公司青岛开发区支行	账号	5656567734242514769
付款事由	采购辅助材料	经办人	张涛
总经理审批：同意　杨志国	财务主管：同意　孙泽	部门领导：同意　成禹南	

原始凭证 22-4-2

电子发票（增值税专用发票）

发票号码：23370019313067060873

发票日期：2×23年12月16日

购买方信息	名称：森美包装有限公司 统一社会信用代码/纳税人识别号：91150153661498535N	销售方信息	名称：青岛市鲁冠塑料厂 统一社会信用代码/纳税人识别号：91370201345673337X

项目名称	规格型号	单位	数量	单价	金额	税率/征收率	税额
*化学合成材料*热熔黏合剂		桶	40	75.00	3 000.00	13%	390.00
*化学合成材料*树脂基黏合剂		吨	10	1 720.00	17 200.00	13%	2 336.00
*化学合成材料*水玻璃		吨	5	1 060.00	5 300.00	13%	689.00
合　计					¥25 500.00		¥3 315.00
价税合计（大写）	⊗贰万捌仟捌佰壹拾伍元整			（小写）¥28 815.00			
备注							

开票人：高静

原始凭证 22-4-3

ICBC 中国工商银行　　业务回单（付款）

日期：2×23年12月16日　　回单编号：92838067

付款人户名：森美包装有限公司　　付款人开户行：中国工商银行股份有限公司呼和浩特如意支行

付款人账号（卡号）：0205301211000770823

收款人户名：青岛市鲁冠塑料厂　　收款人开户行：中国建设银行股份有限公司青岛开发区支行

收款人账号（卡号）：5656567734242514769

金额：贰万捌仟捌佰壹拾伍元整　　小写：¥28 815.00

业务（产品）种类：跨行付款　凭证种类：00000000　　凭证号码：000000000000000000000

摘要：对公业务明细入账　用途：付货款　　币种：人民币

交易机构：0410000347　记账柜员：00023　交易代码：52056　　渠道：其他渠道

附言：

（印章：中国工商银行股份有限公司呼和浩特如意支行 业务专用章 J7523512J122）

本回单为第1次打印，注意重复　　打印日期：2×23年12月16日　打印柜员：4

原始凭证 22-4-4

森美包装有限公司

材料入库单

仓库：辅料库　　入库日期：2×23年12月16日　　No.230864

材料名称	规格型号	计量单位	数量		实际成本			
			应收	实收	发票价格	采购费用	合计	单价

二 财务联

仓储主管：涂金芳　　保管员：高小松

原始凭证 23-7-1

电子发票（增值税专用发票）

发票号码：23370019313067002431

发票日期：2×23年12月17日

购买方信息	名称：森美包装有限公司 统一社会信用代码/纳税人识别号：91150153661498535N	销售方信息	名称：内蒙古金星浆纸业有限公司 统一社会信用代码/纳税人识别号：911508027936864167P

项目名称	规格型号	单位	数量	单价	金额	税率/征收率	税额
*纸制品*纸板		吨	50	5300.00	265 000.00	13%	34 450.00
合　计					¥265 000.00		¥34 450.00
价税合计（大写）	⊗贰拾玖万玖仟肆佰伍拾元整				（小写）¥299 450.00		
备注							

开票人：徐丽

原始凭证 23-7-2

货物运输服务

电子发票（增值税专用发票）

发票号码：23370019223067061161

发票日期：2×23年12月17日

购买方信息	名称：森美包装有限公司 统一社会信用代码/纳税人识别号：91150153661498535N	销售方信息	名称：包头钢铁集团铁捷物流有限公司 统一社会信用代码/纳税人识别号：91150202BTGTJTTJX7

项目名称	规格型号	单位	数量	单价	金额	税率/征收率	税额
*运输服务*陆路货物运输服务					3 000.00	9%	270.00
合　计					¥3 000.00		¥270.00
价税合计（大写）	⊗叁仟贰佰柒拾元整				（小写）¥3 270.00		
备注							

开票人：李敏

业务解析 23

原始凭证 23-7-3

合同编号：2×230013

购销合同

购买方（以下称甲方）：森美包装有限公司

销售方（以下称乙方）：内蒙古金星浆纸业有限公司

甲、乙双方本着互惠互利的原则，根据《中华人民共和国民法典》，经双方友好协商，就一级纸板买卖事宜达成如下协议：

一、合同标的

1. 商品名称：一级纸板

2. 商品规格质量：国标一级（按GB317-2006标准执行）

3. 商品数量：伍拾吨（50吨）。

4. 商品单价：5 300元/吨（不含税）

5. 货款总计：人民币贰拾陆万伍仟元整（¥265 000.00）

二、付款方式

银行承兑汇票

三、运输方式

公路运输，运费由甲方自行支付。

四、违约责任

甲方将按照本合同第一条的约定对乙方的货物进行数量及质量验收，并在合理的时间内完成。如乙方产品不符合本合同约定的数量及质量标准，甲方有权拒绝收货并拒付托收承付款项。

乙方须于收到退货通知后3个工作日内派员处理上述不合格产品，乙方须同时提供符合本合同要求的产品给甲方，并承担因此而产生的费用。如因产品质量引起甲方的损失，乙方需承担赔偿责任。

甲、乙双方严格履行本合同条款，未经对方同意任何一方不得擅自单方解除本合同。

若有一方单方违约，需向守约方支付违约金，违约金按合同价款的5%计算。

本协议一式两份，甲、乙双方各执一份，本合同在甲、乙双方签字盖章后成立。

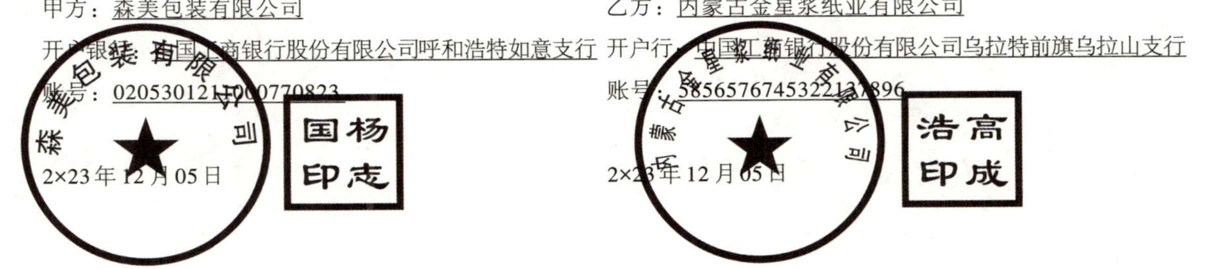

甲方：森美包装有限公司
开户银行：中国工商银行股份有限公司呼和浩特如意支行
账号：0205301211000770823
2×23年12月05日

乙方：内蒙古金星浆纸业有限公司
开户行：中国工商银行股份有限公司乌拉特前旗乌拉山支行
账号：5856576745322137896
2×23年12月05日

原始凭证 23-7-4

付款申请单

申请部门：供销部　　2×23年12月17日

收款单位名称	内蒙古金星浆纸业有限公司	付款方式	银行承兑汇票
本次付款金额	人民币大写：贰拾玖万玖仟肆佰伍拾元整　小写：¥299 450.00		
收款单位开户行	中国工商银行股份有限公司乌拉特前旗乌拉山支行	账号	5856576745322137896
付款事由	采购纸板	经办人	张涛
总经理审批：同意　杨志国	财务主管：同意　孙泽	部门领导：同意　戚禹南	

原始凭证 23-7-5

付款申请单

申请部门：供销部　　2×23年12月17日

收款单位名称	包头钢铁集团铁捷物流有限公司	付款方式	转账
本次付款金额	人民币大写：叁仟贰佰柒拾元整　小写：¥3 270.00		
收款单位开户行	中国工商银行股份有限公司包头市中桥支行	账号	6227321234516776
付款事由	采购纸板运费	经办人	张涛
总经理审批：同意　杨志国	财务主管：同意　孙泽	部门领导：同意　戚禹南	

原始凭证 23-7-6

ICBC 中国工商银行　　业务回单（付款）

日期：2×23年12月17日　　回单编号：9283869

付款人户名：森美包装有限公司　　付款人开户行：中国工商银行股份有限公司呼和浩特如意支行

付款人账号（卡号）：0205301211000770823

收款人户名：包头钢铁集团铁捷物流有限公司　　收款人开户行：中国工商银行股份有限公司包头市中桥支行

收款人账号（卡号）：6227321234516776

金额：叁仟贰佰柒拾元整　　小写：¥3 270.00

业务（产品）种类：同行付款　凭证种类：00000000　　凭证号码：00000000000000000000

摘要：对公业务明细入账　用途：付运费　　币种：人民币

交易机构：0410000329　记账柜员：00025　交易代码：52056　　渠道：其他渠道

附言：

本回单为第1次打印，注意重复　　打印日期：2×23年12月17日　　打印柜员：9

业务 23-7-7

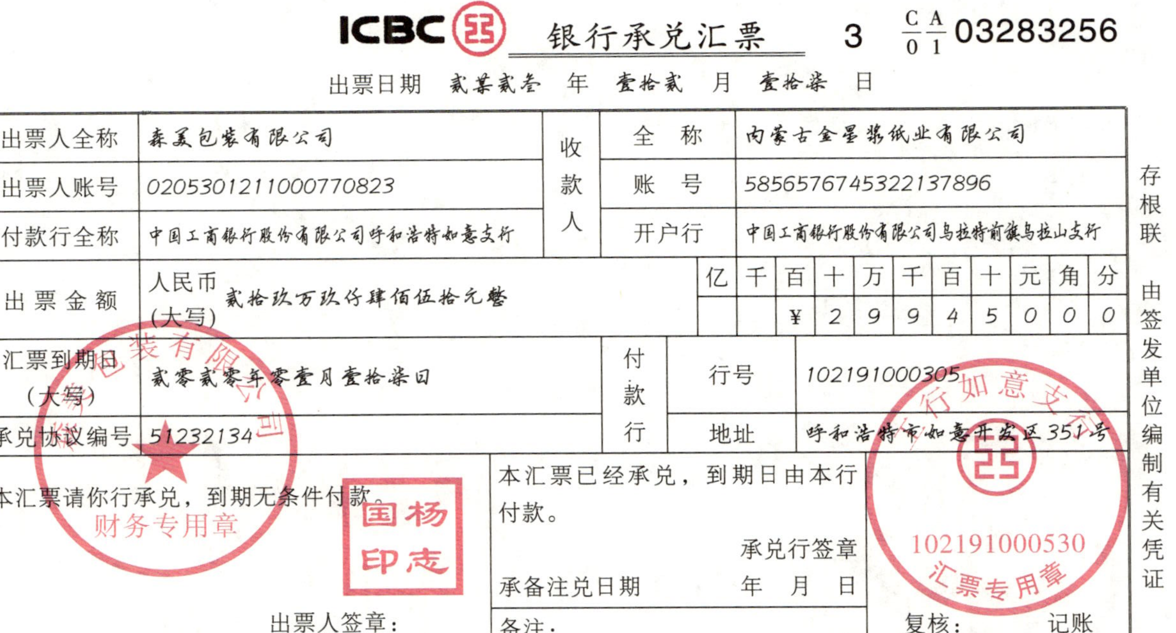

ICBC 银行承兑汇票 3 CA 01 03283256

出票日期 贰零贰叁 年 壹拾贰 月 壹拾柒 日

出票人全称	森美包装有限公司	收款人	全称	内蒙古金星纸业有限公司
出票人账号	0205301211000770823		账号	5856576745322137896
付款行全称	中国工商银行股份有限公司呼和浩特如意支行		开户行	中国工商银行股份有限公司乌拉特前旗乌拉山支行
出票金额	人民币（大写）贰拾玖万玖仟肆佰伍拾元整			亿 千 百 十 万 千 百 十 元 角 分 ¥ 2 9 9 4 5 0 0 0
汇票到期日（大写）	贰零贰肆年零壹月壹拾柒日	付款行	行号	102191000305
承兑协议编号	51232134		地址	呼和浩特市如意开发区351号
本汇票请你行承兑，到期无条件付款。 出票人签章：		本汇票已经承兑，到期日由本行付款。 承兑行签章 承备注兑日期 年 月 日 备注：		复核： 记账

存根联 由签发单位编制有关凭证

备住： 复核： 记账：

原始凭证 24-2-1

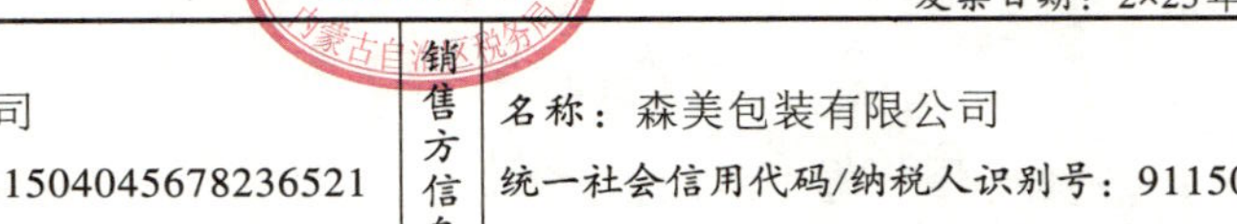

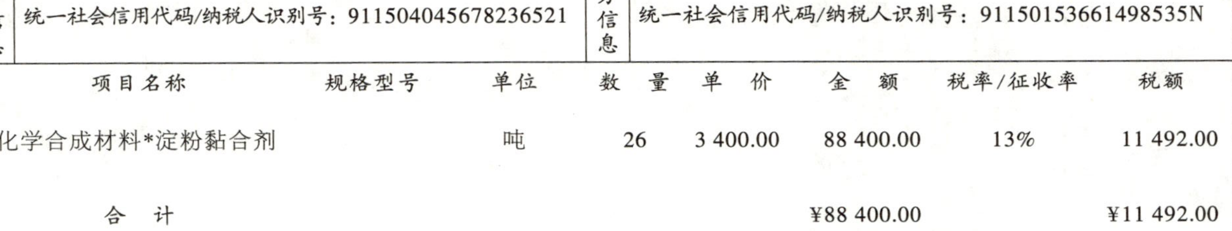

电子发票（增值税专用发票） 发票号码：23151500191130060776

发票日期：2×23年12月18日

购买方信息	名称：宣兰食品工业股份有限公司 统一社会信用代码/纳税人识别号：911504045678236521			销售方信息	名称：森美包装有限公司 统一社会信用代码/纳税人识别号：91150153661498535N		
项目名称	规格型号	单位	数量	单价	金额	税率/征收率	税额
*化学合成材料*淀粉黏合剂		吨	26	3 400.00	88 400.00	13%	11 492.00
合计					¥88 400.00		¥11 492.00
价税合计（大写）	⊗玖万玖仟捌佰玖拾贰元整				（小写）¥99 892.00		
备注							

开票人：张芹

业务解析 24

原始凭证 24-2-2

ICBC 中国工商银行　　业务回单（收款）

日期：2×23年12月18日　　回单编号：92838124

付款人户名：宜兰食品工业股份有限公司　　付款人开户行：中国农业银行股份有限公司赤峰松山区支行

付款人账号（卡号）：2356235422142314221

收款人户名：森美包装有限公司　　收款人开户行：中国工商银行股份有限公司呼和浩特如意支行

收款人账号（卡号）：0205301211000770823

金额：玖万玖仟捌佰玖拾贰元整　　小写：¥99 892.00

业务（产品）种类：跨行付款　　凭证种类：00000000　　凭证号码：00000000000000000000

摘要：对公业务明细入账　　用途：货款　　币种：人民币

交易机构：0410000347　　记账柜员：00025　　交易代码：52323　　渠道：其他渠道

附言：

本回单为第1次打印，注意重复　　打印日期：2×23年12月18日　　打印柜员：5

中国工商银行股份有限公司呼和浩特如意支行 业务专用章 J5987116J124

原始凭证 25-5-1

电子发票（增值税专用发票）

发票号码：23153700193130062415

发票日期：2×23年12月17日

业务解析 25

购买方信息	名称：森美包装有限公司 统一社会信用代码/纳税人识别号：91150153661498535N	销售方信息	名称：海天大酒店 统一社会信用代码/纳税人识别号：91370202233675765G

项目名称	规格型号	单位	数量	单价	金额	税率/征收率	税额
*住宿服务*住宿服务					900.00	6%	54.00
合　计					¥900.00		¥54.00
价税合计（大写）	⊗玖佰伍拾肆元整				（小写）¥954.00		
备注							

开票人：安雅静

原始凭证 25-5-2

LO43677　　呼和浩特 (售)

呼和浩特　172 次　青岛

Hohhot　　Qing Dao

2×23年12月14日11:05开　10车12号上铺

¥303.00 元　新空调硬卧

限乘当日当次车

王旭

1526011969****103X

12494000020831　L043677

原始凭证 25-5-3

LO42966　　青岛 (售)

青岛　K173 次　呼和浩特

Qing Dao　　Hohhot

2×23年12月17日21:35开　07车06号上铺

¥303.00 元　新空调硬卧

限乘当日当次车

王旭

1526011969****103X

12494000053621　L042966

原始凭证 25-5-4

差旅费报销单

部门：供销部　　2×23年12月19日

出差人			王旭				出差事由	外出采购材料			
出发			到达			交通工具	交通费	出差补贴		其他费用	
月	日	地点	月	日	地点			天数	金额	项目	
12	14	呼和浩特	12	15	青岛	火车	303.00	5	1 000	市内车费	
12	17	青岛	12	18	呼和浩特	火车	303.00			住宿费	954.00
										邮电费	
										办公用品费	
										其他	
合计（小写）						¥2 560.00					
报销总额	人民币（大写）贰仟伍佰陆拾元整				预借旅费	¥3 000.00				补领金额	
										退还金额	¥440.00

主管：孙泽　　审核：李文　　出纳：杨明　　领款人：王旭

原始凭证 25-5-5

收　款　收　据

2×23年12月19日　　　　No.0023125

今　收　到

今日收到 王旭

交　　来 差旅费余款

人民币(大写) 肆佰肆拾元整　　¥440.00

现金收讫

森美包装有限公司 财务专用章

第三联 记账联

收款单位：　　收款人：杨明　　交款人：王旭

原始凭证 26-3-1

业务解析 26

贷款利息通知单

账号：02053012110007708２3　　　　2×23年12月20日

户　名	计息期	积数	利率	利息金额
森美包装有限公司	2×23年9月21日 2×23年12月20日	90 000 000.00	4.35%	10 875.00
人民币（大写）壹万零捌佰柒拾伍元整				
第四季度短期贷款利息		中国工商银行股份有限公司呼和浩特如意支行 业务专用章 L2315672L124（银行签章）		

此联由银行送单位作支款

原始凭证 26-3-2

贷款利息通知单

账号：02053012110007708２3　　　　2×23年12月20日

户　名	计息期	积数	利率	利息金额
森美包装有限公司	2×23年9月21日 2×23年12月20日	450 000 000.00	4.75%	59 375.00
人民币（大写）伍万玖仟叁佰柒拾伍元整				
第四季度长期贷款利息		中国工商银行股份有限公司呼和浩特如意支行 业务专用章 L2315672L125（银行签章）		

此联由银行送单位作支款

原始凭证 26-3-3

中国工商银行内蒙古分行存（贷）款计息利息回单

2×23年12月20日

借方	全　称	应付活期存款利息	贷方	全　称	森美包装有限公司
	账　号	611123101445567802		账　号	0205301211000770823
	开户行	中国工商银行内蒙古分行如意支行营业部		开户行	中国工商银行内蒙古分行如意支行营业部
利息金额（大写）壹仟壹佰贰拾柒元零贰分　（小写）1 127.02					
利息起止日期为	自2×23年9月21日起 2×23年12月20日止		利率	0.3%	
计息本金	1 502 698.32		科目（借） 科目（贷） 复核员　记账员		
计息积数（借、贷）	135 242 400.00				
备　注					

原始凭证 27-4-1

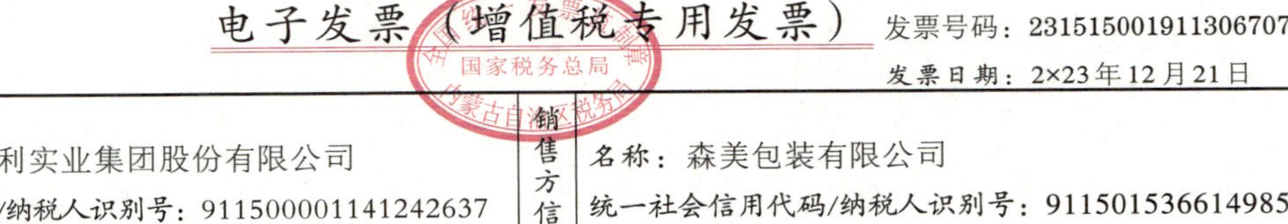

电子发票（增值税专用发票）

发票号码：23151500191130670777

发票日期：2×23年12月21日

业务解析 27

购买方信息	名称：内蒙古伊利实业集团股份有限公司 统一社会信用代码/纳税人识别号：911500001141242637				销售方信息	名称：森美包装有限公司 统一社会信用代码/纳税人识别号：91150153661498535N		
项目名称	规格型号	单位	数量	单价	金额	税率/征收率	税额	
*货物*无菌砖		卷	170	5 400.00	918 000.00	13%	119 340.00	
合　计					¥918 000.00		¥119 340.00	
价税合计（大写）	⊗壹佰零叁万柒仟叁佰肆拾元整				（小写）¥1 037 340.00			
备注								

开票人：张芹

原始凭证 27-4-2

中国工商银行 转账支票

$\frac{B\ B}{0\ 2}$ 51242731

本支票付款期限十天

出票日期（大写）贰零贰叁年壹拾贰月贰拾壹日 付款行名称：中国工商银行股份有限公司呼和浩特金山开发区支行

收款人：森美包装有限公司 出票人账号：0205301211000770558

人民币（大写）	亿	千	百	十	万	千	百	十	元	角	分
壹佰零叁万柒仟叁佰肆拾元整			1	0	3	7	3	4	0	0	0

用途 付货款 密码

上列款项请从我账户内支付

出票人签章

内蒙古伊利实业集团股份有限公司 财务专用章

复核 记账 成黎印树

原始凭证 27-4-3

ICBC 中国工商银行 进账单（回单） 1

年 月 日

出票人	全称		收款人	全称	
	账号			账号	
	开户银行			开户银行	

金额	人民币（大写）	亿	千	百	十	万	千	百	十	元	角	分

票据种类		票据张数	
票据号码			

复核： 记账：

中国工商银行股份有限公司呼和浩特如意支行 业务专用章 17389182J127

开户银行签章

原始凭证 27-4-4

森美包装有限公司

产品出库单

№231204

购买方：内蒙古伊利实业集团股份有限公司 2×23年12月21日 仓库：成品库

产品编号	规格	产品名称	计量单位	数量 应发	数量 实发	单位成本	金额	备注
202	略	无菌砖	卷	170	170			

二 财务联

仓储主管：涂金芳 保管员：高之昂

原始凭证 28-3-1

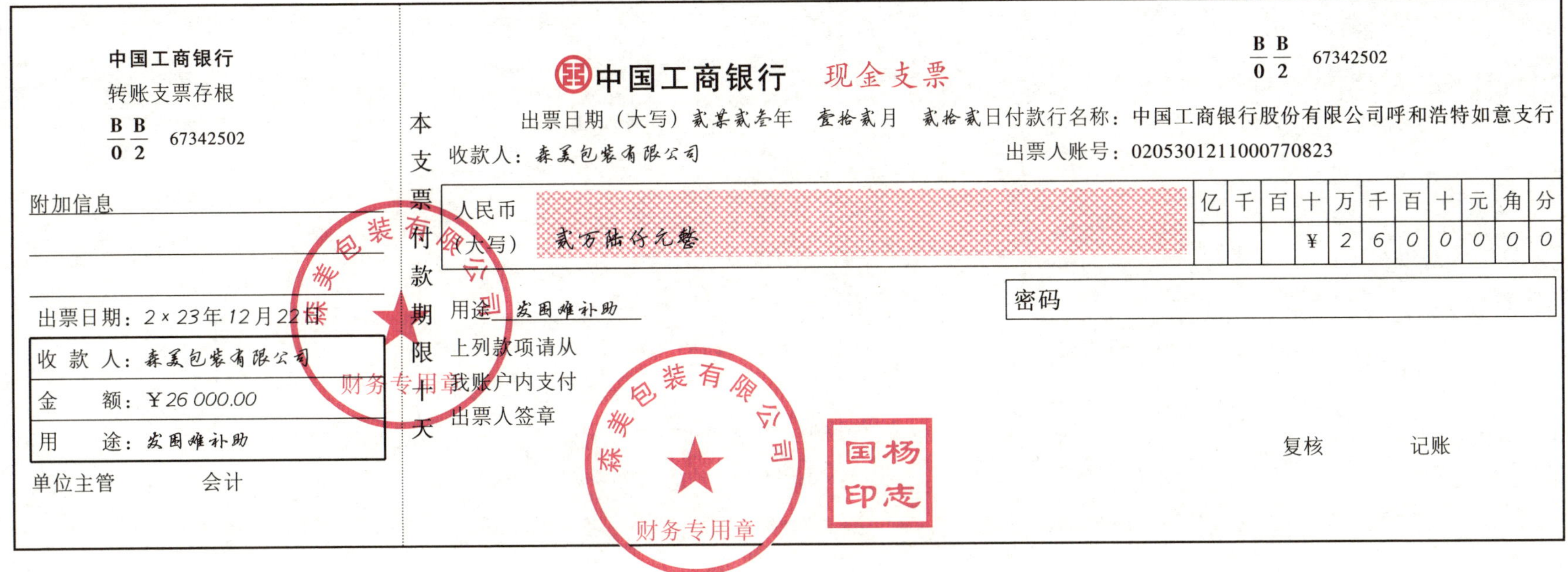

中国工商银行
转账支票存根
B B / 0 2　67342502

附加信息

出票日期：2×23年12月22日

收 款 人：	森美包装有限公司
金　　额：	¥26 000.00
用　　途：	发困难补助

单位主管　　会计

中国工商银行　现金支票　　B B / 0 2　67342502

本支票付款期限十天

出票日期（大写）贰零贰叁年　壹拾贰月　贰拾贰日　付款行名称：中国工商银行股份有限公司呼和浩特如意支行

收款人：森美包装有限公司　　出票人账号：0205301211000770823

人民币（大写）	亿	千	百	十	万	千	百	十	元	角	分
贰万陆仟元整				¥	2	6	0	0	0	0	0

用途 发困难补助　　密码

上列款项请从
我账户内支付
出票人签章　　森美包装有限公司 财务专用章　杨志国印

复核　　记账

原始凭证 28-3-2

职工困难补助发放明细表

2×23年12月22日

部门		金额	领取人签字
管理部门	娜米拉	5 000.00	娜米拉
生产车间	吴冠宏	5 000.00	吴冠宏
	百济晨	5 000.00	百济晨
	王婧悦	5 000.00	王婧悦
	黄雅雯	3 000.00	黄雅雯
	吴　静	3 000.00	吴　静
合　计		26 000.00	

原始凭证 28-3-3

森美包装有限公司

费用报销单

部门：行政部　　2×23年12月22日

报销金额	（大写）贰万陆仟元整　（小写）¥ 26 000.00				
开支内容	困难补助　现金付讫				
总经理	杨志国	财务负责人	部门负责人	实物保管、验收人	经办人
		孙泽	张燕		陆雨晨
说明：					

附件 1 张

原始凭证 29-2-1

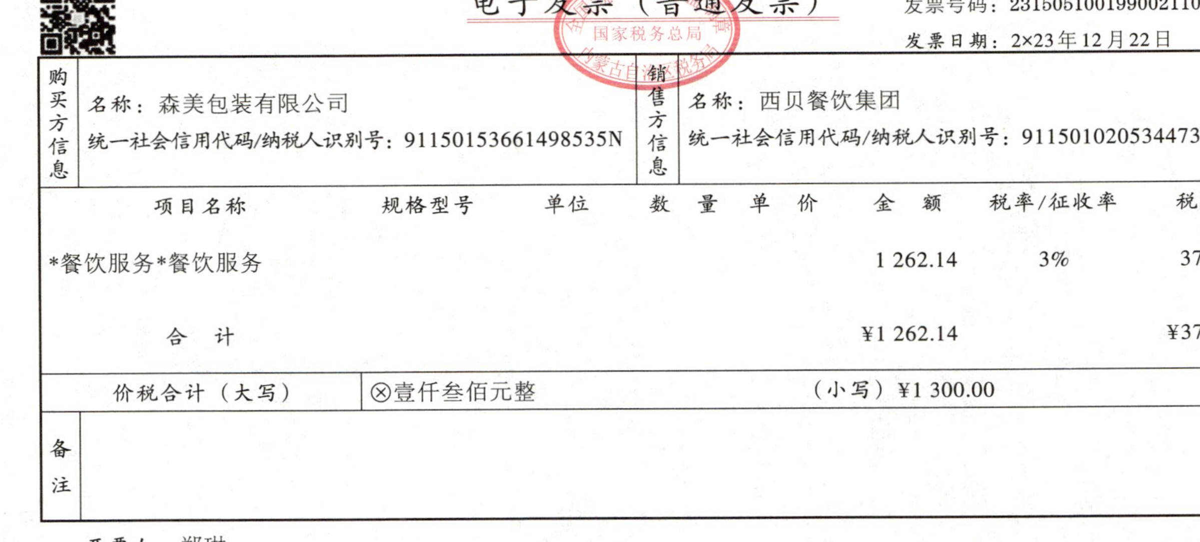

电子发票（普通发票）

发票号码：23150510019900211067

发票日期：2×23年12月22日

购买方信息	名称：森美包装有限公司 统一社会信用代码/纳税人识别号：91150153661498535N	销售方信息	名称：西贝餐饮集团 统一社会信用代码/纳税人识别号：91150102053447395 3

项目名称	规格型号	单位	数量	单价	金额	税率/征收率	税额
*餐饮服务*餐饮服务					1 262.14	3%	37.86
合　计					¥1 262.14		¥37.86
价税合计（大写）	⊗壹仟叁佰元整			（小写）¥1 300.00			
备注							

开票人：郑琳

业务解析 29

立德树人 15

原始凭证 29-2-2

森美包装有限公司

费用报销单

部门：行政部　　2×23年12月23日

报销金额	（大写）壹仟叁佰元整　　（小写）¥1 300.00				
开支内容	餐费　现金付讫				
总经理		财务负责人	部门负责人	实物保管、验收人	经办人
		孙泽	张燕		沈强
说明：					

附件 1 张

原始凭证 30-1

森美包装有限公司

材料入库单

仓库：材料库　　入库日期：2×23年12月24日　　No.230865

材料名称	规格型号	计量单位	数量		实际成本			
			应收	实收	发票价格	采购费用	合计	单位成本
纸板	略	吨	50	50	265 000.00	3 000.00	268 000.00	5 360.00

二 财务联

仓储主管：涂金芳　　保管员：高小松

业务解析 31

立德树人 16

原始凭证 31-2-1

中国工商银行
转账支票存根
B B
0 2　627348099

附加信息

出票日期：2×23年12月25日

收 款 人：森美包装有限公司
金　　额：￥537 821.81
用　　途：发工资

单位主管　　　会计

中国工商银行　转账支票

B B
0 2　27348099

出票日期（大写）贰零贰叁年壹拾贰月贰拾伍日　付款行名称：中国工商银行股份有限公司呼和浩特如意支行

收款人：森美包装有限公司　　出票人账号：0205301211000770823

本支票付款期限十天

人民币（大写）	亿	千	百	十	万	千	百	十	元	角	分
伍拾叁万柒仟捌佰贰拾壹元捌角壹分			¥	5	3	7	8	2	1	8	1

用途　发工资
上列款项请从
我账户内支付
出票人签章

（印章：森美包装有限公司 财务专用章）（印章：杨志国印）

密码

复核　　　记账

原始凭证 31-2-2

工资发放汇总表

2×23 年 12 月

单位：元

部门		人数	基本工资	岗位工资	绩效工资	应发工资	代扣款项					实发工资
							养老保险	医疗保险	失业保险	住房公积金	代扣个税	
生产部	无菌枕	30	47 940.00	83 504.00	52 840.00	184 284.00	12 139.63	3 034.91	758.73	15 174.54	94.50	153 081.69
	无菌砖	28	44 744.00	70 100.00	59 750.00	174 594.00	11 330.32	2 832.58	708.15	14 162.90	166.32	145 393.73
	车间管理人员	11	17 578.00	49 495.60	34 501.00	101 574.60	4 451.20	1 112.80	278.20	5 564.00	1 055.01	89 113.39
行政部		5	11 186.00	12 887.80	11 878.79	35 952.59	2 023.27	505.82	126.45	2 529.09	172.95	30 595.01
质量部		3	4 794.00	13 884.80	5 090.91	23 769.71	1 213.96	303.49	75.87	1 517.45	169.74	20 489.20
仓储部		4	6 392.00	18 131.20	6 787.88	31 311.08	1 618.62	404.65	101.16	2 023.27	214.80	26 948.58
供销部		8	11 186.00	40 216.60	9 878.79	61 281.39	3 237.24	809.31	202.33	4 046.54	389.52	52 596.45
财务部		3	4 794.00	12 972.00	5 090.91	22 856.91	1 213.96	303.49	75.87	1 517.45	142.38	19 603.76
合计		92	148 614.00	301 192.00	185 818.28	635 624.28	37 228.20	9 307.05	2 326.76	46 535.24	2 405.22	537 821.81

原始凭证 32-2-1

电子发票（增值税专用发票）

发票号码：23150019103900212183

发票日期：2×23年12月26日

购买方信息	名称：森美包装有限公司 统一社会信用代码/纳税人识别号：91150153661498535N	销售方信息	名称：中国工商银行股份有限公司呼和浩特分行 统一社会信用代码/纳税人识别号：91150102814168793U			
项目名称	规格型号	单位	数量	单价	金额	税率/征收率	税额
*直接收费金融服务*手续费					1 132.08	6%	67.92
合计					¥1 132.08		¥67.92
价税合计（大写）	⊗壹仟贰佰元整				（小写）¥1 200.00		
备注							

开票人：韩静

业务解析 32

原始凭证 32-2-2

中国工商银行业务收费凭证

2×23年12月26日

付款账户名称	森美包装有限公司		付款账号	0205301211000770823
收费项目	单价	数量	摘要	收费金额
其他 税额			2×23年12月结算手续费	1 132.08 67.92
合计金额（大写）	人民币壹仟贰佰元整		¥1 200.00	
付款方式：账户扣收				

第四联 客户回单

复核：　　记账：韩晓生　　出纳：

中国工商银行股份有限公司呼和浩特分行 业务专用章 K7199828D114

原始凭证 33-1

业务解析 33

国泰君安证券交割单（证券卖出）

资金账号：	88010297689872	客户名称：	森美包装有限公司
证券代码：	600887	证券名称：	伊利股份
客户代码：	1209	成交价格：	22.30
股东账户：	622623090067	成交数量：	7 000
佣金：	312.20	成交金额：	156 100.00
印花税：	156.10	其他费用：	0.00
过户费：	0.00	收付金额：	155 631.70
购入日期：	2×23年08月12日	购入时间：	15:28:00
成交日期：	2×23年12月27日	成交时间：	10:23:40
当前证券余额			
[600887]	[伊利股份]	[7000]	[156100]

原始凭证 34-5-1

业务解析 34

电子发票（增值税专用发票）

发票号码：23150019103900212183

发票日期：2×23年12月28日

购买方信息	名称：森美包装有限公司 统一社会信用代码/纳税人识别号：91150153661498535N	销售方信息		名称：内蒙古中电储能技术有限公司 统一社会信用代码/纳税人识别号：91150105IARDX1			
项目名称	规格型号	单位	数量	单价	金额	税率/征收率	税额
*供电*电能		度	46 525	0.40	18 610.00	13%	2 419.30
合计					¥18 610.00		¥2 419.30
价税合计（大写）	⊗贰万壹仟零贰拾玖元叁角整				（小写）¥21 029.30		
备注							

开票人：高丽媛

原始凭证 34-5-2

电子发票（增值税专用发票）

发票号码：23150019113050210775

发票日期：2×23年12月28日

购买方信息	名称：森美包装有限公司 统一社会信用代码/纳税人识别号：91150153661498535N	销售方信息		名称：呼和浩特市秋华水务公司 统一社会信用代码/纳税人识别号：911501027384627494			
项目名称	规格型号	单位	数量	单价	金额	税率/征收率	税额
*水冰雪*自来水		吨	292.68	4.10	1 200.00	9%	108.00
合计					¥1 200.00		¥108.00
价税合计（大写）	⊗壹仟叁佰零捌元整				（小写）¥1 308.00		
备注							

开票人：武乐乐

原始凭证 34-5-3

水电费分配表

2×23年12月28日 金额单位：元

<table>
<tr><th colspan="2" rowspan="2">部门</th><th colspan="2">电费（0.40元/度）</th><th colspan="2">水费（4.10004元/吨）</th><th rowspan="2">合计</th></tr>
<tr><th>数量（度）</th><th>金额</th><th>数量（吨）</th><th>金额</th></tr>
<tr><td rowspan="3">生产部</td><td>无菌枕</td><td>24 500.00</td><td>9 800.00</td><td>136.58</td><td>559.98</td><td>10 359.98</td></tr>
<tr><td>无菌砖</td><td>16 250.00</td><td>6 500.00</td><td>114.63</td><td>469.99</td><td>6 969.99</td></tr>
<tr><td>车间一般耗用</td><td>3 125.00</td><td>1 250.00</td><td>29.27</td><td>120.01</td><td>1 370.01</td></tr>
<tr><td colspan="2">行政管理部门</td><td>2 650.00</td><td>1 060.00</td><td>12.20</td><td>50.02</td><td>1 110.02</td></tr>
<tr><td colspan="2">合计</td><td>46 525.00</td><td>18 610.00</td><td>292.68</td><td>1 200.00</td><td>19 810.00</td></tr>
</table>

会计主管：孙 泽　　　　制单：李 文

原始凭证 34-5-4

ICBC 托收凭证（付款通知） 5

委托日期 2×23年12月21日　　付款期限 2×23年12月25日

<table>
<tr><td colspan="2">业务类型</td><td colspan="7">委托收款（□邮划、☑电划）　托收承付（□邮划、□电划）</td></tr>
<tr><td rowspan="3">付款人</td><td>全称</td><td colspan="3">森美包装有限公司</td><td rowspan="3">收款人</td><td>全称</td><td colspan="2">内蒙古中电储能技术有限公司</td></tr>
<tr><td>账号</td><td colspan="3">0205301211000770823</td><td>账号</td><td colspan="2">0208001226757743283</td></tr>
<tr><td>地址</td><td>内蒙古呼和浩特 市 县</td><td>开户行</td><td>中国工商银行股份有限公司呼和浩特如意支行</td><td>地址</td><td>内蒙古呼和浩特 市 县</td><td>开户行 内蒙古银行光明支行</td></tr>
<tr><td>金额</td><td colspan="4">人民币（大写） 贰万壹仟零贰拾玖元叁角整</td><td colspan="4">亿 千 百 十 万 千 百 十 元 角 分
¥ 2 1 0 2 9 3 0</td></tr>
<tr><td colspan="2">款项内容</td><td>电费</td><td>托收凭据名称</td><td colspan="2">增值税专用发票</td><td>附寄单证张数</td><td colspan="2">1</td></tr>
<tr><td colspan="2">商品发运情况</td><td colspan="2"></td><td colspan="2">合同名称号码</td><td colspan="3"></td></tr>
<tr><td colspan="3">备注：
付款人开户银行收到日期：
年 月 日
复核：　经办：</td><td colspan="3">付款人开户银行签章
中国工商银行股份有限公司呼和浩特如意支行
业务专用章
2×23年12月25日
T7196420D004</td><td colspan="3">付款人注意：
1. 根据支付结算办法，上列委托收款在付款期限内未提出拒付，即视为同意付款，以此代付款通知。
2. 如需提出全部或部分拒付，应在规定期限内，将拒付理由书并附债务证明退交开户银行。</td></tr>
</table>

此联付款人开户行给付款人按期付款的通知

原始凭证 34-5-5

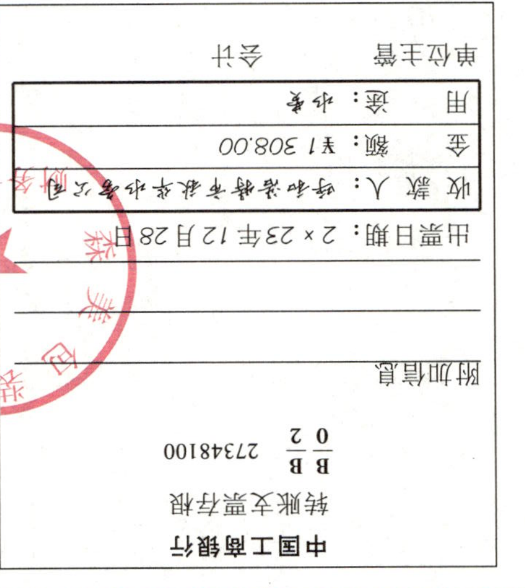

中国工商银行

转账支票存根

$\frac{B}{0}\frac{B}{2}$ 27348100

附加信息

出票日期：2×23年12月28日

收 款 人：呼和浩特市永华水务公司

金　　额：¥1 308.00

用　　途：水费

单位主管　　　会计

原始凭证 35-3-1

固定资产调拨单

2×23年12月29日

资产基本信息	资产名称	规格/型号/品牌	编号
	中型卡车	东风中型双排卡车	JTGJ-007
调拨情况	购入时间	调出时间	调出部门
	2×21年6月1日	2×23年12月29日	供销部
资产价值	原值	已提折旧	已提减值准备
	368 500.00	218 796.90	0.00
处理意见	确认不需要，同意出售。 张　燕		

业务解析 35

原始凭证 35-3-2

电子发票（普通发票）

发票号码：23151500191130670778

发票日期：2×23年12月29日

购买方信息	名称：蒙融租赁股份有限公司 统一社会信用代码/纳税人识别号：911501020020053477	销售方信息	名称：森美包装有限公司 统一社会信用代码/纳税人识别号：91150153661498535N

项目名称	规格型号	单位	数量	单价	金额	税率/征收率	税额
*载货汽车*机动车		辆	1	106 194.69	106 194.69	13%	13 805.31
合　计					¥106 194.69		¥13 805.31
价税合计（大写）	⊗壹拾贰万元整				（小写）¥120 000.00		
备注							

开票人：李文

原始凭证 35-3-3

购销协议

甲方：蒙融租赁股份有限公司

乙方：森美包装有限公司

经双方平等协商，乙方自愿将自用蓝色东风中型卡车卖给甲方，车牌号：蒙 AN5202，车架号：AN798266497301775320，发动机号：FGI64417368357，购车全款为人民币大写：壹拾贰万元整，小写：￥120 000.00，甲方应在协议签订后三十日内，一次性付清车款。乙方开户行：中国工商银行股份有限公司呼和浩特如意支行，账号：0205301211000770823。

此车自购买之日起，2×23 年 12 月 30 日 00 时以前出现一切债务、抵押、肇事、交通违法等事宜由甲方负责。购买之日以后出现一切债务、抵押、肇事、交通违法等事宜与乙方无关，由甲方负责。

乙方保证此车车架号、发动机号无变动，如有变动所产生一切费用由乙方负责。乙方必须保证此车是非营运车辆，能提档、能过户，并且保证所出示的车辆有关一切证件、证明及信息真实合法有效，乙方无偿将强制保险商业保险过户给甲方。甲方有权处置强制保险商业保险等相关事宜，因乙方原因致使车辆不能办理提档、过户手续的，甲方有权要求甲方返还车辆价款并承担一切损失。

本协议一式两份，甲乙双方各持一份，盖章后生效。

甲方（公章）：

法定代表人（盖章）：

2×23 年 12 月 29 日

乙方（公章）：

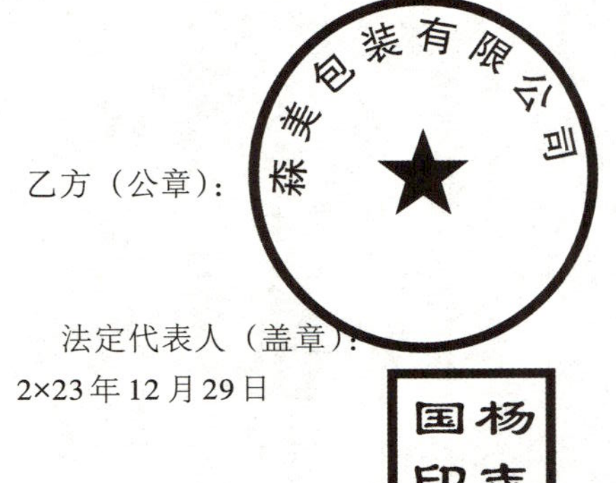

法定代表人（盖章）：

2×23 年 12 月 29 日

原始凭证 36-2-1

业务解析 36

材料盘点报告单

2×23 年 12 月 30 日　　　　金额单位：元

编号	名称	单位	账面数量	实存数量	盘盈		盘亏	
					数量	金额	数量	金额
103	聚乙烯	吨		60.2				
105	乳胶黏合剂	桶		77				
账实不符原因及影响					计量错误		保存不当致变质废弃	
审核部门审批意见					冲减管理费用		责任人高小松赔偿	
备注：盘亏材料不含运费。								

仓储部主管：涂金芳　　　保管：高小松　　　清点人：张景云

原始凭证 36-2-2

固定资产盘点报告单

2×23年12月30日　　　　金额单位：元

名称	编号	盘盈			盘亏		
		数量	原值	已提折旧	数量	原值	已提折旧
HPElite台式机	DZ031				1	10 800.00	9 690.00
账实不符原因及影响					月初已完成清理，未及时入账		
审批部门处理意见					计入营业外支出		

资产管理部门：张 燕　　资产使用部门：段旭东　　清点人：张景云

原始凭证 37-11-1

森美包装有限公司

领料单

领料单位：生产部　　2×23年12月1日　　No.201203

编号	材料类别	材料名称	计量单位	数量		单价	金额	领料用途
				请领	实发			
101	主要材料	纸板	吨	30	30			生产无菌枕
合计								

二 财务联

发料：高小松　　领料：刘 伟

业务解析 37

原始凭证 37-11-2

森美包装有限公司

领料单

领料单位：生产部　　2×23年12月5日　　No.201204

编号	材料类别	材料名称	计量单位	数量		单价	金额	领料用途
				请领	实发			
103	主要材料	聚乙烯	吨	15	15			生产无菌枕
合计								

二 财务联

发料：高小松　　领料：刘 伟

原始凭证 37-11-3

森美包装有限公司

领料单

领料单位：生产部　　2×23年12月5日　　No.201205

编号	材料类别	材料名称	计量单位	数量		单价	金额	领料用途
				请领	实发			
103	主要材料	聚乙烯	吨	30	30			生产无菌砖
合计								

二 财务联

发料：高小松　　领料：刘伟

原始凭证 37-11-4

森美包装有限公司

领料单

领料单位：生产部　　2×23年12月8日　　No.201206

编号	材料类别	材料名称	计量单位	数量		单价	金额	领料用途
				请领	实发			
102	主要材料	铝箔	吨	23	23			生产无菌砖
合计								

二 财务联

发料：高小松　　领料：刘伟

原始凭证 37-11-5

森美包装有限公司

领料单

领料单位：生产部　　2×23年12月15日　　No.201207

编号	材料类别	材料名称	计量单位	数量		单价	金额	领料用途
				请领	实发			
104	辅助材料	热熔黏合剂	吨	80	80			生产无菌枕
合计								

二 财务联

发料：高小松　　领料：刘伟

原始凭证 37-11-6

森美包装有限公司

领料单

领料单位：生产部　　2×23年12月16日　　No.201208

编号	材料类别	材料名称	计量单位	数量		单价	金额	领料用途
				请领	实发			
108	辅助材料	树脂基黏合剂	吨	16	16			生产无菌枕
合计								

二 财务联

发料：高小松　　领料：刘伟

原始凭证 37-11-7

森美包装有限公司

领料单

领料单位：供销部　　2×23年12月18日　　No.201209

编号	材料类别	材料名称	计量单位	数量		单价	金额	领料用途
				请领	实发			
107	辅助材料	淀粉黏合剂	桶	26	26			供销部出售
合计								

二 财务联

发料：高小松　　领料：刘伟

原始凭证 37-11-8

森美包装有限公司

领料单

领料单位：生产部　　2×23年12月21日　　No.201210

编号	材料类别	材料名称	计量单位	数量		单价	金额	领料用途
				请领	实发			
106	辅助材料	水玻璃	吨	12	12			生产无菌砖
合计								

二 财务联

发料：高小松　　领料：刘伟

原始凭证 37-11-9

森美包装有限公司

领料单

领料单位：生产部　　2×23年12月25日　　No.201211

编号	材料类别	材料名称	计量单位	数量		单价	金额	领料用途
				请领	实发			
106	主要材料	纸板	吨	50	50			生产无菌砖
合计								

发料：高小松　　领料：刘　伟

二　财务联

原始凭证 37-11-10

森美包装有限公司

领料单

领料单位：生产部　　2×23年12月25日　　No.201212

编号	材料类别	材料名称	计量单位	数量		单价	金额	领料用途
				请领	实发			
105	辅助材料	乳胶黏合剂	桶	60	60			生产无菌砖
合计								

发料：高小松　　领料：刘　伟

二　财务联

原始凭证 37-11-11

材料耗用汇总表

2×23年12月31日

金额单位：元

材料名称		无菌枕		无菌砖		销售辅助材料		金额合计
		数量	金额	数量	金额	数量	金额	
主要材料	纸板							
	铝箔							
	聚乙烯							
辅助材料	热熔黏合剂							
	乳胶黏合剂							
	水玻璃							
	淀粉黏合剂							
	树脂基黏合剂							
合 计								

会计主管：孙 泽　　　　制单：李 文

原始凭证 38-2-1

社保费及住房公积金计提表

2×23年12月31日

立德树人17

业务解析38

金额单位：元

部门		人数	上年实际月平均工资	养老保险 (1)	医疗保险 (2)	失业保险 (3)	住房公积金 (4)	合计 (5)=(1)+(2)+(3)+(4)
生产部	无菌枕	30	151 745.40	24 279.26	9 104.72	758.73	15 174.54	49 317.25
	无菌砖	28	141 629.04	22 660.65	8 497.74	708.15	14 162.90	46 029.44
	车间管理人员	11	55 639.98	8 902.40	3 338.40	278.20	5 564.00	18 083.00
行政部		5	25 290.90	4 046.54	1 517.45	126.45	2 529.09	8 219.53
质量部		3	15 174.54	2 427.93	910.47	75.87	1 517.45	4 931.72
仓储部		4	20 232.72	3 237.24	1 213.96	101.16	2 023.27	6 575.63
供销部		8	40 465.44	6 474.47	2 427.93	202.33	4 046.54	13 151.27
财务部		3	15 174.54	2 427.93	910.47	75.87	1 517.45	4 931.72
合计		92	465 352.56	74 456.42	27 921.14	2 326.76	46 535.24	151 239.56

注：上年度实际月平均工资 5 058.18 元。

原始凭证 38-2-2

福利费计算汇总表

2×23年12月31日　　　　金额单位：元

部门		人数	当月工资总额	计算比例	福利费
生产部	无菌枕	30			
	无菌砖	28			
	车间管理人员	11			
行政部		5			
质量部		3			
仓储部		4			
供销部		8			
财务部		3			
合计		92			

原始凭证 39-1

业务解析 39

固定资产折旧计提表

2×23年12月31日　　　　单位：元

受益部门	原值	月折旧额
生产部门	6 561 460.00	27 807.30
管理部门	3 822 268.50	14 111.34
合 计	10 383 728.50	41 918.64

会计主管：孙 泽　　　　制单：李 文

原始凭证 40-1

业务解析 40

制造费用分配表

2×23年12月31日　　　　金额单位：元

产品名称	分配标准	分配率	分配金额
无菌枕			
无菌砖			
合 计		—	

会计主管：孙 泽　　　　制单：李 文

原始凭证 41-3-1

业务解析 41

产量记录统计表

部门：生产部　　　　2×23年12月　　　　单位：卷

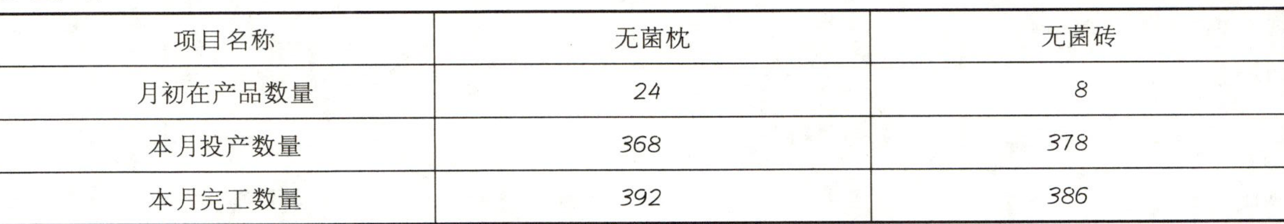

项目名称	无菌枕	无菌砖
月初在产品数量	24	8
本月投产数量	368	378
本月完工数量	392	386

原始凭证 41-3-2

产品成本计算表

2×23年12月31日

单位：元

项目	无菌枕（　）卷		无菌砖（　）卷	
	总成本	单位成本	总成本	单位成本
直接材料				
直接人工				
其他直接支出				
制造费用				
生产成本合计				

附件　张

会计主管：孙泽　　制单：李文

原始凭证 41-3-3

森美包装有限公司

产品入库单

No.2×2301

交库单位：生产部　　2×23年12月05日　　仓库：成品库

产品编号	规格	产品名称	计量单位	数量		单位成本	总成本	备注
				送检	实收			
201	略	无菌枕	卷	392	392			完工入库
202	略	无菌砖	卷	386	386			

二 财务联

仓储主管：涂金芳　　保管员：高之昂

原始凭证 42-1

主营业务成本计算表

2×23年12月31日

金额单位：元

业务解析 42

产品编号	产品名称	期初结存		本期收入		加权平均单位成本	本期销售	
		数量	金额	数量	金额		数量	金额
201	无菌枕							
202	无菌砖							
合计								

会计主管：孙泽　　制单：李文

原始凭证 43-1

应交增值税计算表

2×23年12月31日

单位：元

业务解析 43

项目	期初留抵数	本期进项税额	已交税金	本期销项税额	进项税额转出	本期应交增值税
	1	2	3	4	5	6=4-（2-5）-1-3
金额						

会计主管：孙泽　　制单：袁雷

原始凭证 44-1

业务解析 44

税金及附加计算表

2×23年12月31日

金额单位：元

项　目	计税（费）依据	税（费）率	应纳税（费）额
城市维护建设税			
教育费附加			
合　计			

会计主管：孙　泽　　　　制单：袁　蕾

原始凭证 45-1

业务解析 45

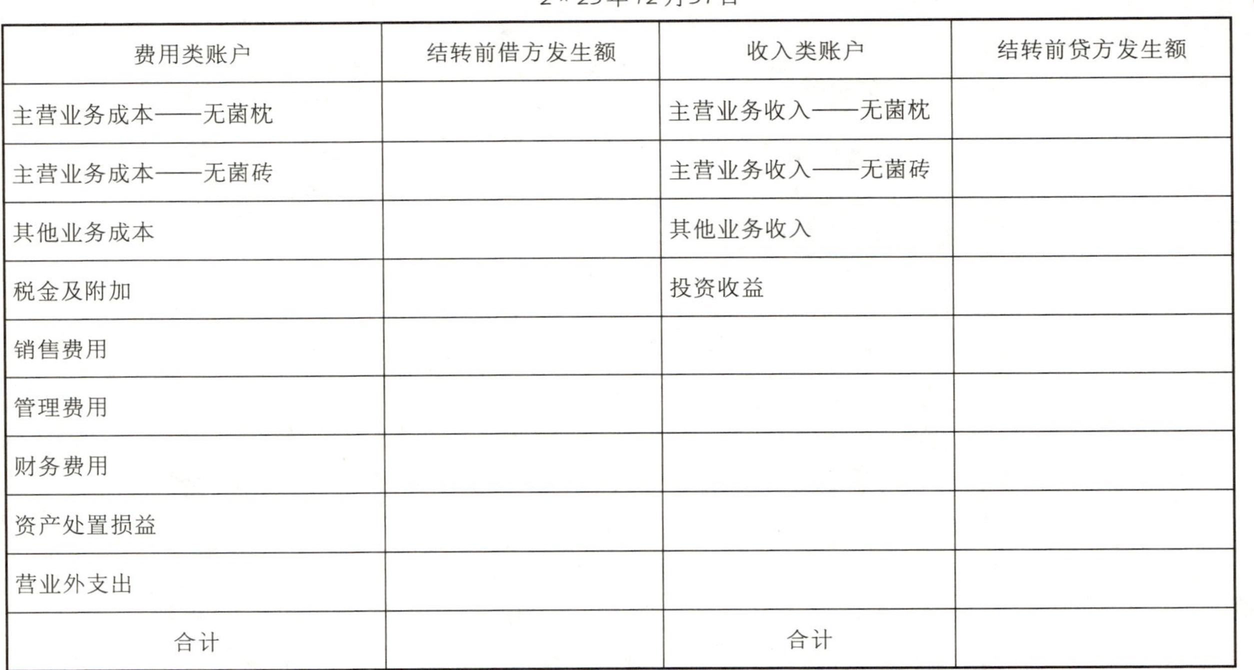

损益类账户发生额汇总

2×23年12月31日

费用类账户	结转前借方发生额	收入类账户	结转前贷方发生额
主营业务成本——无菌枕		主营业务收入——无菌枕	
主营业务成本——无菌砖		主营业务收入——无菌砖	
其他业务成本		其他业务收入	
税金及附加		投资收益	
销售费用			
管理费用			
财务费用			
资产处置损益			
营业外支出			
合计		合计	

会计主管：孙　泽　　　　制单：李　文

原始凭证 46-1

业务解析 46-47

所得税计算表

2×23年12月31日

金额单位：元

应纳税所得额	税率	税额

会计主管：孙　泽　　　　制单：李　文

原始凭证 48-2-1

立德树人 18　　业务解析 48-49

森美包装有限公司
2×23年度第二次股东会决议

一、会议日期：2×23年12月31日9时

二、会议地点：森美包装有限公司会议室

三、会议性质：股东会

四、出席会议股东：圣牧实业股份有限公司董事长王一明
维达纸业有限公司董事长孙志成
乌海市机电有限责任公司张志刚

五、会议决议事项如下：

全体股东审议，一致通过公司2×23年度利润分配方案，按照2×23年1月1日的股权比例将可供投资者分配利润的40%对投资者进行分配，具体分配情况如下：

序号	股　东	出资比例
1	圣牧实业股份有限公司	70%
2	维达纸业有限公司	30%

全体股东签名或盖章：王一明　孙志成　张志刚

2×23年12月31日

原始凭证 48-2-2

利润分配表

2×23年12月31日

单位：元

项　目	行次	金　额
一、本年度净利润	1	
加：年初未分配利润	2	
其他转入	3	
二、可供分配的利润	4	
减：提取法定盈余公积	5	
提取任意盈余公积	6	
三、可供投资者分配的利润	7	
减：应付的普通股股利	8	
其中：圣牧实业股份有限公司	9	
维达纸业有限公司	10	
四、未分配利润	11	

附件 2-2

银行存款余额调节表

2023 年 12 月 31 日

单位：元

项 目	金额	项 目	金额
银行存款日记账余额		银行对账单余额	
加：银行已收企业未收		加：企业已收银行未收	
减：银行已付企业未付		减：企业已付银行未付	
调节后存款余额		调节后存款余额	

附件 2-3

总分类账户本期发生额及余额试算平衡表

年　　月　　日

单位：元

账户名称	期初余额		本期发生额		期末余额	
	借方	贷方	借方	贷方	借方	贷方

续表

账户名称	期初余额		本期发生额		期末余额	
	借方	贷方	借方	贷方	借方	贷方
合计						

附件 2-5

利润表（简表）

编制单位：　　　　年　　月　　　　单位：元

项目	本期金额	上期金额
一、营业收入		
减：营业成本		
税金及附加		
销售费用		
管理费用		
研发费用		
财务费用		
其中：利息费用		
利息收入		
加：其他收益		
投资收益（损失以“-”号填列）		
其中：对联营企业和合营企业的投资收益		
公允价值变动收益（损失以“-”号填列）		
信用减值损失（损失以“-”号填列）		
资产减值损失（损失以“-”号填列）		
资产处置收益（损失以“-”号填列）		
二、营业利润（亏损以“-”号填列）		
加：营业外收入		
减：营业外支出		
三、利润总额（亏损总额以“-”号填列）		
减：所得税费用		
四、净利润（净亏损以“-”号填列）		

附录2　实验用空白记账凭证、账页及封皮

收款凭证

借方科目＿＿＿＿＿＿　　　　年　　月　　日　　　　＿＿字第＿＿号

摘要	贷方科目		过账√	金额										
	总账科目	明细科目		亿	千	百	十	万	千	百	十	元	角	分
合计														

附件　　张

会计主管　　记账　　出纳　　复核　　制单

收款凭证

借方科目＿＿＿＿＿＿　　　　年　　月　　日　　　　＿＿字第＿＿号

摘要	贷方科目		过账√	金额										
	总账科目	明细科目		亿	千	百	十	万	千	百	十	元	角	分
合计														

附件　　张

会计主管　　记账　　出纳　　复核　　制单

附录2　实验用空白记账凭证、账页及封皮

收　款　凭　证

借方科目________　　　　年　　月　　日　　　　____字第____号

摘　要	贷方科目		过账√	金额										
	总账科目	明细科目		亿	千	百	十	万	千	百	十	元	角	分
合　计														

附件　　张

会计主管　　　记账　　　出纳　　　复核　　　制单

收　款　凭　证

借方科目________　　　　年　　月　　日　　　　____字第____号

摘　要	贷方科目		过账√	金额										
	总账科目	明细科目		亿	千	百	十	万	千	百	十	元	角	分
合　计														

附件　　张

会计主管　　　记账　　　出纳　　　复核　　　制单

收　款　凭　证

借方科目＿＿＿＿＿＿＿＿　　　　年　　月　　日　　　　＿＿字第＿＿号

摘　要	贷方科目		过账√	金额										
	总账科目	明细科目		亿	千	百	十	万	千	百	十	元	角	分
合　计														

附件　　张

会计主管　　　　记账　　　　出纳　　　　复核　　　　制单

收　款　凭　证

借方科目＿＿＿＿＿＿＿＿　　　　年　　月　　日　　　　＿＿字第＿＿号

摘　要	贷方科目		过账√	金额										
	总账科目	明细科目		亿	千	百	十	万	千	百	十	元	角	分
合　计														

附件　　张

会计主管　　　　记账　　　　出纳　　　　复核　　　　制单

收款凭证

借方科目______　　年　月　日　　____字第____号

摘要	贷方科目		过账√	金额										
	总账科目	明细科目		亿	千	百	十	万	千	百	十	元	角	分
合计														

附件　　张

会计主管　　记账　　出纳　　复核　　制单

收款凭证

借方科目______　　年　月　日　　____字第____号

摘要	贷方科目		过账√	金额										
	总账科目	明细科目		亿	千	百	十	万	千	百	十	元	角	分
合计														

附件　　张

会计主管　　记账　　出纳　　复核　　制单

收款凭证

借方科目______　　　年　月　日　　　____字第____号

摘要	贷方科目		过账 √	金额										
	总账科目	明细科目		亿	千	百	十	万	千	百	十	元	角	分
合计														

附件　张

会计主管　　记账　　出纳　　复核　　制单

收款凭证

借方科目______　　　年　月　日　　　____字第____号

摘要	贷方科目		过账 √	金额										
	总账科目	明细科目		亿	千	百	十	万	千	百	十	元	角	分
合计														

附件　张

会计主管　　记账　　出纳　　复核　　制单

收 款 凭 证

借方科目________　　　　年　　月　　日　　　　____字第____号

摘　要	贷方科目		过账√	金额										
	总账科目	明细科目		亿	千	百	十	万	千	百	十	元	角	分
合　计														

附件　　张

会计主管　　记账　　出纳　　复核　　制单

收 款 凭 证

借方科目________　　　　年　　月　　日　　　　____字第____号

摘　要	贷方科目		过账√	金额										
	总账科目	明细科目		亿	千	百	十	万	千	百	十	元	角	分
合　计														

附件　　张

会计主管　　记账　　出纳　　复核　　制单

经管人员一览表

单位名称			
账簿名称			
账簿页数	自　　第　　页起至第　　页止共　　页		
启用日期	年　　月　　日		
单位领导人签章		会计主管人员签章	

经管人员职别	姓名	经管或接管日期	签章	移交日期	签章
		年　　月　　日		年　　月　　日	
		年　　月　　日		年　　月　　日	
		年　　月　　日		年　　月　　日	
		年　　月　　日		年　　月　　日	
		年　　月　　日		年　　月　　日	

账 户 目 录

科 目 名 称	页 号	科 目 名 称	页 号	科 目 名 称	页 号	科 目 名 称	页 号

经管人员一览表

单位名称			
账簿名称			
账簿页数	自　第　页起至第　页止共　页		
启用日期	年　月　日		
单位领导人签章		会计主管人员签章	

经管人员职别	姓名	经管或接管日期	签章	移交日期	签章
		年　月　日		年　月　日	
		年　月　日		年　月　日	
		年　月　日		年　月　日	
		年　月　日		年　月　日	
		年　月　日		年　月　日	

账 户 目 录

科目名称	页号	科目名称	页号	科目名称	页号	科目名称	页号

经管人员一览表

<table>
<tr><td>单 位 名 称</td><td colspan="5"></td></tr>
<tr><td>账 簿 名 称</td><td colspan="5"></td></tr>
<tr><td>账 簿 页 数</td><td colspan="5">自　　第　　页起至第　　页止共　　页</td></tr>
<tr><td>启 用 日 期</td><td colspan="5">年　　月　　日</td></tr>
<tr><td>单位领导人
签　　章</td><td colspan="2"></td><td>会计主管
人员签章</td><td colspan="2"></td></tr>
<tr><td>经管人员职别</td><td>姓　名</td><td>经管或接管日期</td><td>签　章</td><td>移交日期</td><td>签　章</td></tr>
<tr><td></td><td></td><td>年　月　日</td><td></td><td>年　月　日</td><td></td></tr>
<tr><td></td><td></td><td>年　月　日</td><td></td><td>年　月　日</td><td></td></tr>
<tr><td></td><td></td><td>年　月　日</td><td></td><td>年　月　日</td><td></td></tr>
<tr><td></td><td></td><td>年　月　日</td><td></td><td>年　月　日</td><td></td></tr>
<tr><td></td><td></td><td>年　月　日</td><td></td><td>年　月　日</td><td></td></tr>
</table>

账 户 目 录

科 目 名 称	页 号	科 目 名 称	页 号	科 目 名 称	页 号	科 目 名 称	页 号

经管人员一览表

<table>
<tr><td>单位名称</td><td colspan="5"></td></tr>
<tr><td>账簿名称</td><td colspan="5"></td></tr>
<tr><td>账簿页数</td><td colspan="5">自　　第　　页起至第　　页止共　　页</td></tr>
<tr><td>启用日期</td><td colspan="5">年　月　日</td></tr>
<tr><td>单位领导人
签　　章</td><td colspan="2"></td><td>会计主管
人员签章</td><td colspan="2"></td></tr>
<tr><td>经管人员职别</td><td>姓　名</td><td>经管或接管日期</td><td>签　章</td><td>移交日期</td><td>签　章</td></tr>
<tr><td></td><td></td><td>年　月　日</td><td></td><td>年　月　日</td><td></td></tr>
<tr><td></td><td></td><td>年　月　日</td><td></td><td>年　月　日</td><td></td></tr>
<tr><td></td><td></td><td>年　月　日</td><td></td><td>年　月　日</td><td></td></tr>
<tr><td></td><td></td><td>年　月　日</td><td></td><td>年　月　日</td><td></td></tr>
<tr><td></td><td></td><td>年　月　日</td><td></td><td>年　月　日</td><td></td></tr>
</table>

账户目录

科目名称	页号	科目名称	页号	科目名称	页号	科目名称	页号

付 款 凭 证

贷方科目________　　　　年　　月　　日　　　　____字第____号

摘要	借方科目		过账√	金额										
	总账科目	明细科目		亿	千	百	十	万	千	百	十	元	角	分
合计														

附件　　张

会计主管　　　记账　　　出纳　　　复核　　　制单

付 款 凭 证

贷方科目________　　　　年　　月　　日　　　　____字第____号

摘要	借方科目		过账√	金额										
	总账科目	明细科目		亿	千	百	十	万	千	百	十	元	角	分
合计														

附件　　张

会计主管　　　记账　　　出纳　　　复核　　　制单

付款凭证

贷方科目________ 年 月 日 ____字第____号

摘要	借方科目		过账√	金额										
	总账科目	明细科目		亿	千	百	十	万	千	百	十	元	角	分
合计														

附件　　张

会计主管　　记账　　出纳　　复核　　制单

付款凭证

贷方科目________ 年 月 日 ____字第____号

摘要	借方科目		过账√	金额										
	总账科目	明细科目		亿	千	百	十	万	千	百	十	元	角	分
合计														

附件　　张

会计主管　　记账　　出纳　　复核　　制单

付　款　凭　证

贷方科目＿＿＿＿＿＿　　年　月　日　　＿＿字第＿＿号

摘　要	借方科目		过账√	金额										
	总账科目	明细科目		亿	千	百	十	万	千	百	十	元	角	分
合　计														

附件　张

会计主管　　记账　　出纳　　复核　　制单

付　款　凭　证

贷方科目＿＿＿＿＿＿　　年　月　日　　＿＿字第＿＿号

摘　要	借方科目		过账√	金额										
	总账科目	明细科目		亿	千	百	十	万	千	百	十	元	角	分
合　计														

附件　张

会计主管　　记账　　出纳　　复核　　制单

付款凭证

贷方科目＿＿＿＿＿＿　　年　月　日　　＿＿字第＿＿号

摘要	借方科目		过账√	金额										
	总账科目	明细科目		亿	千	百	十	万	千	百	十	元	角	分
合计														

附件　张

会计主管　　记账　　出纳　　复核　　制单

付款凭证

贷方科目＿＿＿＿＿＿　　年　月　日　　＿＿字第＿＿号

摘要	借方科目		过账√	金额										
	总账科目	明细科目		亿	千	百	十	万	千	百	十	元	角	分
合计														

附件　张

会计主管　　记账　　出纳　　复核　　制单

付款凭证

贷方科目________　　年　月　日　　____字第____号

摘要	借方科目		过账√	金额										
	总账科目	明细科目		亿	千	百	十	万	千	百	十	元	角	分
合计														

附件　张

会计主管　　记账　　出纳　　复核　　制单

付款凭证

贷方科目________　　年　月　日　　____字第____号

摘要	借方科目		过账√	金额										
	总账科目	明细科目		亿	千	百	十	万	千	百	十	元	角	分
合计														

附件　张

会计主管　　记账　　出纳　　复核　　制单

付款凭证

贷方科目______　　年　月　日　　____字第____号

摘要	借方科目		过账√	金额										
	总账科目	明细科目		亿	千	百	十	万	千	百	十	元	角	分
合计														

附件　张

会计主管　　记账　　出纳　　复核　　制单

付款凭证

贷方科目______　　年　月　日　　____字第____号

摘要	借方科目		过账√	金额										
	总账科目	明细科目		亿	千	百	十	万	千	百	十	元	角	分
合计														

附件　张

会计主管　　记账　　出纳　　复核　　制单

付 款 凭 证

贷方科目________　　　　年　月　日　　　　____字第____号

摘　要	借　方　科　目		过账√	金　额										
	总账科目	明细科目		亿	千	百	十	万	千	百	十	元	角	分
合　计														

附件　张

会计主管　　记账　　出纳　　复核　　制单

付 款 凭 证

贷方科目________　　　　年　月　日　　　　____字第____号

摘　要	借　方　科　目		过账√	金　额										
	总账科目	明细科目		亿	千	百	十	万	千	百	十	元	角	分
合　计														

附件　张

会计主管　　记账　　出纳　　复核　　制单

付 款 凭 证

贷方科目________　　　　年　月　日　　　　____字第____号

摘要	借方科目		过账√	金额										
	总账科目	明细科目		亿	千	百	十	万	千	百	十	元	角	分
合计														

附件　张

会计主管　　记账　　出纳　　复核　　制单

付 款 凭 证

贷方科目________　　　　年　月　日　　　　____字第____号

摘要	借方科目		过账√	金额										
	总账科目	明细科目		亿	千	百	十	万	千	百	十	元	角	分
合计														

附件　张

会计主管　　记账　　出纳　　复核　　制单

付 款 凭 证

贷方科目__________　　年　月　日　　____字第____号

摘 要	借方科目		过账√	金额										
	总账科目	明细科目		亿	千	百	十	万	千	百	十	元	角	分
合 计														

附件　　张

会计主管　　记账　　出纳　　复核　　制单

付 款 凭 证

贷方科目__________　　年　月　日　　____字第____号

摘 要	借方科目		过账√	金额										
	总账科目	明细科目		亿	千	百	十	万	千	百	十	元	角	分
合 计														

附件　　张

会计主管　　记账　　出纳　　复核　　制单

付 款 凭 证

贷方科目______　　　　年　　月　　日　　　　____字第____号

摘　要	借方科目		过账√	金额										
	总账科目	明细科目		亿	千	百	十	万	千	百	十	元	角	分
合　计														

附件　　张

会计主管　　　记账　　　出纳　　　复核　　　制单

付 款 凭 证

贷方科目______　　　　年　　月　　日　　　　____字第____号

摘　要	借方科目		过账√	金额										
	总账科目	明细科目		亿	千	百	十	万	千	百	十	元	角	分
合　计														

附件　　张

会计主管　　　记账　　　出纳　　　复核　　　制单

付 款 凭 证

贷方科目________　　　　年　月　日　　　　____字第____号

摘要	借方科目		过账√	金额										
	总账科目	明细科目		亿	千	百	十	万	千	百	十	元	角	分
合计														

附件　　张

会计主管　　记账　　出纳　　复核　　制单

付 款 凭 证

贷方科目________　　　　年　月　日　　　　____字第____号

摘要	借方科目		过账√	金额										
	总账科目	明细科目		亿	千	百	十	万	千	百	十	元	角	分
合计														

附件　　张

会计主管　　记账　　出纳　　复核　　制单

付款凭证

贷方科目＿＿＿＿＿＿　　年　月　日　　＿＿字第＿＿号

摘要	借方科目		过账√	金额										
	总账科目	明细科目		亿	千	百	十	万	千	百	十	元	角	分
合计														

附件　张

会计主管　　记账　　出纳　　复核　　制单

付款凭证

贷方科目＿＿＿＿＿＿　　年　月　日　　＿＿字第＿＿号

摘要	借方科目		过账√	金额										
	总账科目	明细科目		亿	千	百	十	万	千	百	十	元	角	分
合计														

附件　张

会计主管　　记账　　出纳　　复核　　制单

付 款 凭 证

贷方科目________　　　　年　月　日　　　　____字第____号

摘　要	借方科目		过账√	金额										
	总账科目	明细科目		亿	千	百	十	万	千	百	十	元	角	分
合　计														

附件　　张

会计主管　　记账　　出纳　　复核　　制单

付 款 凭 证

贷方科目________　　　　年　月　日　　　　____字第____号

摘　要	借方科目		过账√	金额										
	总账科目	明细科目		亿	千	百	十	万	千	百	十	元	角	分
合　计														

附件　　张

会计主管　　记账　　出纳　　复核　　制单

付款凭证

贷方科目________　　年　月　日　　____字第____号

摘要	借方科目		过账√	金额										
	总账科目	明细科目		亿	千	百	十	万	千	百	十	元	角	分
合计														

附件　张

会计主管　　记账　　出纳　　复核　　制单

付款凭证

贷方科目________　　年　月　日　　____字第____号

摘要	借方科目		过账√	金额										
	总账科目	明细科目		亿	千	百	十	万	千	百	十	元	角	分
合计														

附件　张

会计主管　　记账　　出纳　　复核　　制单

付 款 凭 证

贷方科目______________　　年　月　日　　____字第____号

摘要	借方科目		过账√	金额										
	总账科目	明细科目		亿	千	百	十	万	千	百	十	元	角	分
合　计														

附件　张

会计主管　　记账　　出纳　　复核　　制单

付 款 凭 证

贷方科目______________　　年　月　日　　____字第____号

摘要	借方科目		过账√	金额										
	总账科目	明细科目		亿	千	百	十	万	千	百	十	元	角	分
合　计														

附件　张

会计主管　　记账　　出纳　　复核　　制单

付 款 凭 证

贷方科目________　　　　年　月　日　　　　____字第____号

摘　要	借方科目		过账√	金额										
	总账科目	明细科目		亿	千	百	十	万	千	百	十	元	角	分
合　计														

附件　　张

会计主管　　　记账　　　出纳　　　复核　　　制单

付 款 凭 证

贷方科目________　　　　年　月　日　　　　____字第____号

摘　要	借方科目		过账√	金额										
	总账科目	明细科目		亿	千	百	十	万	千	百	十	元	角	分
合　计														

附件　　张

会计主管　　　记账　　　出纳　　　复核　　　制单

科 目 汇 总 表

年 月 日至 月 日 字第 号

会计科目	借方金额											贷方金额											记账√	凭证起至号数
	亿	千	百	十	万	千	百	十	元	角	分	亿	千	百	十	万	千	百	十	元	角	分		
合计																								

复核 记账 制表

科 目 汇 总 表

年 月 日至 月 日　　　　字第 号

会计科目	借方金额											贷方金额											记账	凭证起至
	亿	千	百	十	万	千	百	十	元	角	分	亿	千	百	十	万	千	百	十	元	角	分	√	号 数
合 计																								

复核　　　　　　　　记账　　　　　　　　制表

科 目 汇 总 表

年　　月　　日至　　月　　日　　　　　　字第　　号

会计科目	借方金额											贷方金额											记账 √	凭证起至号数
	亿	千	百	十	万	千	百	十	元	角	分	亿	千	百	十	万	千	百	十	元	角	分		
合　计																								

复核　　　　　　　　　　记账　　　　　　　　　　制表

科目汇总表

年　月　日至　月　日　　　字第　号

会计科目	借方金额											贷方金额											记账√	凭证起至号数
	亿	千	百	十	万	千	百	十	元	角	分	亿	千	百	十	万	千	百	十	元	角	分		
合计																								

复核　　　　记账　　　　制表

科目汇总表

年　　月　　日至　　月　　日　　　　　字第　　号

会计科目	借方金额											贷方金额											记账√	凭证起至号数
	亿	千	百	十	万	千	百	十	元	角	分	亿	千	百	十	万	千	百	十	元	角	分		
合计																								

复核　　　　　　　　　　记账　　　　　　　　　　制表

转 账 凭 证

年 月 日　　　　____字第____号

摘要	总账科目	明细科目	过账√	借方金额										贷方金额									
				千	百	十	万	千	百	十	元	角	分	千	百	十	万	千	百	十	元	角	分
合计																							

附件　张

会计主管　　记账　　复核　　制单

转 账 凭 证

年 月 日　　　　____字第____号

摘要	总账科目	明细科目	过账√	借方金额										贷方金额									
				千	百	十	万	千	百	十	元	角	分	千	百	十	万	千	百	十	元	角	分
合计																							

附件　张

会计主管　　记账　　复核　　制单

转 账 凭 证

年 月 日 ____字第____号

摘要	总账科目	明细科目	过账√	借方金额										贷方金额									
				千	百	十	万	千	百	十	元	角	分	千	百	十	万	千	百	十	元	角	分
合计																							

附件 张

会计主管 记账 复核 制单

转 账 凭 证

年 月 日 ____字第____号

摘要	总账科目	明细科目	过账√	借方金额										贷方金额									
				千	百	十	万	千	百	十	元	角	分	千	百	十	万	千	百	十	元	角	分
合计																							

附件 张

会计主管 记账 复核 制单

转账凭证

年　月　日　　　　____字第____号

附件　　张

摘要	总账科目	明细科目	过账√	借方金额										贷方金额									
				千	百	十	万	千	百	十	元	角	分	千	百	十	万	千	百	十	元	角	分
合计																							

会计主管　　　　记账　　　　复核　　　　制单

转账凭证

年　月　日　　　　____字第____号

附件　　张

摘要	总账科目	明细科目	过账√	借方金额										贷方金额									
				千	百	十	万	千	百	十	元	角	分	千	百	十	万	千	百	十	元	角	分
合计																							

会计主管　　　　记账　　　　复核　　　　制单

转 账 凭 证

年　　月　　日　　　　＿＿＿字第＿＿＿号

摘　要	总账科目	明细科目	过账√	借方金额										贷方金额									
				千	百	十	万	千	百	十	元	角	分	千	百	十	万	千	百	十	元	角	分
合　计																							

附件　　张

会计主管　　　记账　　　复核　　　制单

转 账 凭 证

年　　月　　日　　　　＿＿＿字第＿＿＿号

摘　要	总账科目	明细科目	过账√	借方金额										贷方金额									
				千	百	十	万	千	百	十	元	角	分	千	百	十	万	千	百	十	元	角	分
合　计																							

附件　　张

会计主管　　　记账　　　复核　　　制单

转 账 凭 证

年　月　日　　　　____字第____号

摘要	总账科目	明细科目	过账√	借方金额										贷方金额									
				千	百	十	万	千	百	十	元	角	分	千	百	十	万	千	百	十	元	角	分
合　计																							

附件　张

会计主管　　记账　　复核　　制单

转 账 凭 证

年　月　日　　　　____字第____号

摘要	总账科目	明细科目	过账√	借方金额										贷方金额									
				千	百	十	万	千	百	十	元	角	分	千	百	十	万	千	百	十	元	角	分
合　计																							

附件　张

会计主管　　记账　　复核　　制单

转 账 凭 证

年 月 日　　　　____字第____号

摘要	总账科目	明细科目	过账√	借方金额										贷方金额									
				千	百	十	万	千	百	十	元	角	分	千	百	十	万	千	百	十	元	角	分
合计																							

附件　　张

会计主管　　记账　　复核　　制单

转 账 凭 证

年 月 日　　　　____字第____号

摘要	总账科目	明细科目	过账√	借方金额										贷方金额									
				千	百	十	万	千	百	十	元	角	分	千	百	十	万	千	百	十	元	角	分
合计																							

附件　　张

会计主管　　记账　　复核　　制单

转 账 凭 证

年　　月　　日　　　　＿＿字第＿＿号

摘　要	总账科目	明细科目	过账√	借方金额										贷方金额									
				千	百	十	万	千	百	十	元	角	分	千	百	十	万	千	百	十	元	角	分
合　计																							

附件　　张

会计主管　　　　记账　　　　复核　　　　制单

转 账 凭 证

年　　月　　日　　　　＿＿字第＿＿号

摘　要	总账科目	明细科目	过账√	借方金额										贷方金额									
				千	百	十	万	千	百	十	元	角	分	千	百	十	万	千	百	十	元	角	分
合　计																							

附件　　张

会计主管　　　　记账　　　　复核　　　　制单

转账凭证

年　月　日　　　　____字第____号

摘要	总账科目	明细科目	过账√	借方金额										贷方金额									
				千	百	十	万	千	百	十	元	角	分	千	百	十	万	千	百	十	元	角	分
合计																							

附件　　张

会计主管　　记账　　复核　　制单

转账凭证

年　月　日　　　　____字第____号

摘要	总账科目	明细科目	过账√	借方金额										贷方金额									
				千	百	十	万	千	百	十	元	角	分	千	百	十	万	千	百	十	元	角	分
合计																							

附件　　张

会计主管　　记账　　复核　　制单

转账凭证

年　月　日　　　　____字第____号

摘要	总账科目	明细科目	过账√	借方金额										贷方金额									
				千	百	十	万	千	百	十	元	角	分	千	百	十	万	千	百	十	元	角	分
合计																							

附件　张

会计主管　　记账　　复核　　制单

转账凭证

年　月　日　　　　____字第____号

摘要	总账科目	明细科目	过账√	借方金额										贷方金额									
				千	百	十	万	千	百	十	元	角	分	千	百	十	万	千	百	十	元	角	分
合计																							

附件　张

会计主管　　记账　　复核　　制单

转账凭证

年 月 日　　　　　　　　______字第______号

摘要	总账科目	明细科目	过账√	借方金额										贷方金额									
				千	百	十	万	千	百	十	元	角	分	千	百	十	万	千	百	十	元	角	分
合计																							

附件　　张

会计主管　　　　记账　　　　复核　　　　制单

转账凭证

年 月 日　　　　　　　　______字第______号

摘要	总账科目	明细科目	过账√	借方金额										贷方金额									
				千	百	十	万	千	百	十	元	角	分	千	百	十	万	千	百	十	元	角	分
合计																							

附件　　张

会计主管　　　　记账　　　　复核　　　　制单

转 账 凭 证

年 月 日 ____字第____号

摘 要	总账科目	明细科目	过账√	借方金额										贷方金额									
				千	百	十	万	千	百	十	元	角	分	千	百	十	万	千	百	十	元	角	分
合 计																							

附件 张

会计主管 记账 复核 制单

转 账 凭 证

年 月 日 ____字第____号

摘 要	总账科目	明细科目	过账√	借方金额										贷方金额									
				千	百	十	万	千	百	十	元	角	分	千	百	十	万	千	百	十	元	角	分
合 计																							

附件 张

会计主管 记账 复核 制单

转账凭证

年　月　日　　　　____字第____号

摘要	总账科目	明细科目	过账√	借方金额										贷方金额									
				千	百	十	万	千	百	十	元	角	分	千	百	十	万	千	百	十	元	角	分
合计																							

附件　张

会计主管　　记账　　复核　　制单

转账凭证

年　月　日　　　　____字第____号

摘要	总账科目	明细科目	过账√	借方金额										贷方金额									
				千	百	十	万	千	百	十	元	角	分	千	百	十	万	千	百	十	元	角	分
合计																							

附件　张

会计主管　　记账　　复核　　制单

转账凭证

年　月　日　　　　____字第____号

摘　要	总账科目	明细科目	过账√	借方金额										贷方金额									
				千	百	十	万	千	百	十	元	角	分	千	百	十	万	千	百	十	元	角	分
合　计																							

附件　　张

会计主管　　记账　　复核　　制单

转账凭证

年　月　日　　　　____字第____号

摘　要	总账科目	明细科目	过账√	借方金额										贷方金额									
				千	百	十	万	千	百	十	元	角	分	千	百	十	万	千	百	十	元	角	分
合　计																							

附件　　张

会计主管　　记账　　复核　　制单

转 账 凭 证

年 月 日　　　　＿＿字第＿＿号

摘要	总账科目	明细科目	过账√	借方金额										贷方金额									
				千	百	十	万	千	百	十	元	角	分	千	百	十	万	千	百	十	元	角	分
合计																							

附件　张

会计主管　　记账　　复核　　制单

转 账 凭 证

年 月 日　　　　＿＿字第＿＿号

摘要	总账科目	明细科目	过账√	借方金额										贷方金额									
				千	百	十	万	千	百	十	元	角	分	千	百	十	万	千	百	十	元	角	分
合计																							

附件　张

会计主管　　记账　　复核　　制单

转 账 凭 证

年 月 日　　　　____字第____号

摘 要	总账科目	明细科目	过账√	借方金额										贷方金额									
				千	百	十	万	千	百	十	元	角	分	千	百	十	万	千	百	十	元	角	分
合 计																							

附件　　张

会计主管　　记账　　复核　　制单

转 账 凭 证

年 月 日　　　　____字第____号

摘 要	总账科目	明细科目	过账√	借方金额										贷方金额									
				千	百	十	万	千	百	十	元	角	分	千	百	十	万	千	百	十	元	角	分
合 计																							

附件　　张

会计主管　　记账　　复核　　制单

转 账 凭 证

年 月 日　　　　____字第____号

摘　要	总账科目	明细科目	过账√	借方金额										贷方金额									
				千	百	十	万	千	百	十	元	角	分	千	百	十	万	千	百	十	元	角	分
合　计																							

附件　张

会计主管　　记账　　复核　　制单

转 账 凭 证

年 月 日　　　　____字第____号

摘　要	总账科目	明细科目	过账√	借方金额										贷方金额									
				千	百	十	万	千	百	十	元	角	分	千	百	十	万	千	百	十	元	角	分
合　计																							

附件　张

会计主管　　记账　　复核　　制单

转 账 凭 证

年 月 日　　　　____字第____号

摘要	总账科目	明细科目	过账√	借方金额										贷方金额									
				千	百	十	万	千	百	十	元	角	分	千	百	十	万	千	百	十	元	角	分
合计																							

附件　张

会计主管　　记账　　复核　　制单

转 账 凭 证

年 月 日　　　　____字第____号

摘要	总账科目	明细科目	过账√	借方金额										贷方金额									
				千	百	十	万	千	百	十	元	角	分	千	百	十	万	千	百	十	元	角	分
合计																							

附件　张

会计主管　　记账　　复核　　制单

转 账 凭 证

年 月 日 ____字第____号

摘要	总账科目	明细科目	过账√	借方金额										贷方金额									
				千	百	十	万	千	百	十	元	角	分	千	百	十	万	千	百	十	元	角	分
合计																							

附件 张

会计主管 记账 复核 制单

转 账 凭 证

年 月 日 ____字第____号

摘要	总账科目	明细科目	过账√	借方金额										贷方金额									
				千	百	十	万	千	百	十	元	角	分	千	百	十	万	千	百	十	元	角	分
合计																							

附件 张

会计主管 记账 复核 制单

转 账 凭 证

年　　月　　日　　　　______字第______号

摘　要	总账科目	明细科目	过账√	借方金额										贷方金额									
				千	百	十	万	千	百	十	元	角	分	千	百	十	万	千	百	十	元	角	分
合　计																							

附件　　张

会计主管　　　　记账　　　　复核　　　　制单

转 账 凭 证

年　　月　　日　　　　______字第______号

摘　要	总账科目	明细科目	过账√	借方金额										贷方金额									
				千	百	十	万	千	百	十	元	角	分	千	百	十	万	千	百	十	元	角	分
合　计																							

附件　　张

会计主管　　　　记账　　　　复核　　　　制单

转账凭证

年　月　日　　　　____字第____号

摘要	总账科目	明细科目	过账√	借方金额										贷方金额									
				千	百	十	万	千	百	十	元	角	分	千	百	十	万	千	百	十	元	角	分
合计																							

附件　张

会计主管　　记账　　复核　　制单

转账凭证

年　月　日　　　　____字第____号

摘要	总账科目	明细科目	过账√	借方金额										贷方金额									
				千	百	十	万	千	百	十	元	角	分	千	百	十	万	千	百	十	元	角	分
合计																							

附件　张

会计主管　　记账　　复核　　制单

转 账 凭 证

年 月 日 ____字第____号

摘 要	总账科目	明细科目	过账√	借方金额										贷方金额									
				千	百	十	万	千	百	十	元	角	分	千	百	十	万	千	百	十	元	角	分
合 计																							

附件 张

会计主管 记账 复核 制单

转 账 凭 证

年 月 日 ____字第____号

摘 要	总账科目	明细科目	过账√	借方金额										贷方金额									
				千	百	十	万	千	百	十	元	角	分	千	百	十	万	千	百	十	元	角	分
合 计																							

附件 张

会计主管 记账 复核 制单

转 账 凭 证

年　月　日　　　　____字第____号

摘　要	总账科目	明细科目	过账√	借方金额										贷方金额									
				千	百	十	万	千	百	十	元	角	分	千	百	十	万	千	百	十	元	角	分
合　计																							

附件　　张

会计主管　　　记账　　　复核　　　制单

转 账 凭 证

年　月　日　　　　____字第____号

摘　要	总账科目	明细科目	过账√	借方金额										贷方金额									
				千	百	十	万	千	百	十	元	角	分	千	百	十	万	千	百	十	元	角	分
合　计																							

附件　　张

会计主管　　　记账　　　复核　　　制单

转 账 凭 证

年　　月　　日　　　　　　　　____字第____号

摘　要	总账科目	明细科目	过账√	借方金额										贷方金额									
				千	百	十	万	千	百	十	元	角	分	千	百	十	万	千	百	十	元	角	分
合　计																							

附件　　张

会计主管　　　　记账　　　　复核　　　　制单

转 账 凭 证

年　　月　　日　　　　　　　　____字第____号

摘　要	总账科目	明细科目	过账√	借方金额										贷方金额									
				千	百	十	万	千	百	十	元	角	分	千	百	十	万	千	百	十	元	角	分
合　计																							

附件　　张

会计主管　　　　记账　　　　复核　　　　制单

转 账 凭 证

年 月 日 ____字第____号

摘要	总账科目	明细科目	过账√	借方金额										贷方金额									
				千	百	十	万	千	百	十	元	角	分	千	百	十	万	千	百	十	元	角	分
合计																							

附件 张

会计主管 记账 复核 制单

转 账 凭 证

年 月 日 ____字第____号

摘要	总账科目	明细科目	过账√	借方金额										贷方金额									
				千	百	十	万	千	百	十	元	角	分	千	百	十	万	千	百	十	元	角	分
合计																							

附件 张

会计主管 记账 复核 制单

总账

第 1 页

年		凭证字号	摘要	页数	借方金额											贷方金额											借或贷	余额										
月	日				亿	千	百	十	万	千	百	十	元	角	分	亿	千	百	十	万	千	百	十	元	角	分		亿	千	百	十	万	千	百	十	元	角	分

总账

第 2 页

年		凭证字号	摘要	页数	借方金额											贷方金额											借或贷	余额										
月	日				亿	千	百	十	万	千	百	十	元	角	分	亿	千	百	十	万	千	百	十	元	角	分		亿	千	百	十	万	千	百	十	元	角	分

总账

第 3 页

年		凭证字号	摘要	日页	借方金额											贷方金额											借或贷	余额										
月	日				亿	千	百	十	万	千	百	十	元	角	分	亿	千	百	十	万	千	百	十	元	角	分		亿	千	百	十	万	千	百	十	元	角	分

总账

第 4 页

年		凭证字号	摘要	日页	借方金额											贷方金额											借或贷	余额										
月	日				亿	千	百	十	万	千	百	十	元	角	分	亿	千	百	十	万	千	百	十	元	角	分		亿	千	百	十	万	千	百	十	元	角	分

总账

第 5 页

年		凭证字号	摘要	页数	借方金额											贷方金额											借或贷	余额										
月	日				亿	千	百	十	万	千	百	十	元	角	分	亿	千	百	十	万	千	百	十	元	角	分		亿	千	百	十	万	千	百	十	元	角	分

总账

第 6 页

年		凭证字号	摘要	页数	借方金额											贷方金额											借或贷	余额										
月	日				亿	千	百	十	万	千	百	十	元	角	分	亿	千	百	十	万	千	百	十	元	角	分		亿	千	百	十	万	千	百	十	元	角	分

总账

第 7 页

年		凭证字号	摘要	日页	借方金额											贷方金额											借或贷	余额										
月	日				亿	千	百	十	万	千	百	十	元	角	分	亿	千	百	十	万	千	百	十	元	角	分		亿	千	百	十	万	千	百	十	元	角	分

总账

第 8 页

年		凭证字号	摘要	日页	借方金额											贷方金额											借或贷	余额										
月	日				亿	千	百	十	万	千	百	十	元	角	分	亿	千	百	十	万	千	百	十	元	角	分		亿	千	百	十	万	千	百	十	元	角	分

总账

第 9 页

年		凭证字号	摘要	页数	借方金额											贷方金额											借或贷	余额										
月	日				亿	千	百	十	万	千	百	十	元	角	分	亿	千	百	十	万	千	百	十	元	角	分		亿	千	百	十	万	千	百	十	元	角	分

总账

第 10 页

年		凭证字号	摘要	页数	借方金额											贷方金额											借或贷	余额										
月	日				亿	千	百	十	万	千	百	十	元	角	分	亿	千	百	十	万	千	百	十	元	角	分		亿	千	百	十	万	千	百	十	元	角	分

总账

第 11 页

年		凭证字号	摘要	日页	借方金额											贷方金额											借或贷	余额										
月	日				亿	千	百	十	万	千	百	十	元	角	分	亿	千	百	十	万	千	百	十	元	角	分		亿	千	百	十	万	千	百	十	元	角	分

总账

第 12 页

年		凭证字号	摘要	日页	借方金额											贷方金额											借或贷	余额										
月	日				亿	千	百	十	万	千	百	十	元	角	分	亿	千	百	十	万	千	百	十	元	角	分		亿	千	百	十	万	千	百	十	元	角	分

总账

第 13 页

年		凭证字号	摘要	页数	借方金额											贷方金额											借或贷	余额										
月	日				亿	千	百	十	万	千	百	十	元	角	分	亿	千	百	十	万	千	百	十	元	角	分		亿	千	百	十	万	千	百	十	元	角	分

总账

第 14 页

年		凭证字号	摘要	页数	借方金额											贷方金额											借或贷	余额										
月	日				亿	千	百	十	万	千	百	十	元	角	分	亿	千	百	十	万	千	百	十	元	角	分		亿	千	百	十	万	千	百	十	元	角	分

总账

第 15 页

年		凭证字号	摘要	日页	借方金额											贷方金额											借或贷	余额										
月	日				亿	千	百	十	万	千	百	十	元	角	分	亿	千	百	十	万	千	百	十	元	角	分		亿	千	百	十	万	千	百	十	元	角	分

总账

第 16 页

年		凭证字号	摘要	日页	借方金额											贷方金额											借或贷	余额										
月	日				亿	千	百	十	万	千	百	十	元	角	分	亿	千	百	十	万	千	百	十	元	角	分		亿	千	百	十	万	千	百	十	元	角	分

总账

第 17 页

年		凭证字号	摘要	页数	借方金额											贷方金额											借或贷	余额										
月	日				亿	千	百	十	万	千	百	十	元	角	分	亿	千	百	十	万	千	百	十	元	角	分		亿	千	百	十	万	千	百	十	元	角	分

总账

第 18 页

年		凭证字号	摘要	页数	借方金额											贷方金额											借或贷	余额										
月	日				亿	千	百	十	万	千	百	十	元	角	分	亿	千	百	十	万	千	百	十	元	角	分		亿	千	百	十	万	千	百	十	元	角	分

总账

年		凭证字号	摘要	日页	借方金额											贷方金额											借或贷	余额										
月	日				亿	千	百	十	万	千	百	十	元	角	分	亿	千	百	十	万	千	百	十	元	角	分		亿	千	百	十	万	千	百	十	元	角	分

总账

年		凭证字号	摘要	日页	借方金额											贷方金额											借或贷	余额										
月	日				亿	千	百	十	万	千	百	十	元	角	分	亿	千	百	十	万	千	百	十	元	角	分		亿	千	百	十	万	千	百	十	元	角	分

总账

第 21 页

年		凭证字号	摘要	页数	借方金额											贷方金额											借或贷	余额										
月	日				亿	千	百	十	万	千	百	十	元	角	分	亿	千	百	十	万	千	百	十	元	角	分		亿	千	百	十	万	千	百	十	元	角	分

总账

第 22 页

年		凭证字号	摘要	页数	借方金额											贷方金额											借或贷	余额										
月	日				亿	千	百	十	万	千	百	十	元	角	分	亿	千	百	十	万	千	百	十	元	角	分		亿	千	百	十	万	千	百	十	元	角	分

总账

第 23 页

年		凭证字号	摘要	日页	借方金额											贷方金额											借或贷	余额										
月	日				亿	千	百	十	万	千	百	十	元	角	分	亿	千	百	十	万	千	百	十	元	角	分		亿	千	百	十	万	千	百	十	元	角	分

总账

第 24 页

年		凭证字号	摘要	日页	借方金额											贷方金额											借或贷	余额										
月	日				亿	千	百	十	万	千	百	十	元	角	分	亿	千	百	十	万	千	百	十	元	角	分		亿	千	百	十	万	千	百	十	元	角	分

总账

年		凭证字号	摘要	页数	借方金额											贷方金额											借或贷	余额										
月	日				亿	千	百	十	万	千	百	十	元	角	分	亿	千	百	十	万	千	百	十	元	角	分		亿	千	百	十	万	千	百	十	元	角	分

总账

年		凭证字号	摘要	页数	借方金额											贷方金额											借或贷	余额										
月	日				亿	千	百	十	万	千	百	十	元	角	分	亿	千	百	十	万	千	百	十	元	角	分		亿	千	百	十	万	千	百	十	元	角	分

总账

第 27 页

年		凭证字号	摘要	日页	借方金额											贷方金额											借或贷	余额										
月	日				亿	千	百	十	万	千	百	十	元	角	分	亿	千	百	十	万	千	百	十	元	角	分		亿	千	百	十	万	千	百	十	元	角	分

总账

第 28 页

年		凭证字号	摘要	日页	借方金额											贷方金额											借或贷	余额										
月	日				亿	千	百	十	万	千	百	十	元	角	分	亿	千	百	十	万	千	百	十	元	角	分		亿	千	百	十	万	千	百	十	元	角	分

总账

第 29 页

年		凭证字号	摘要	页数	借方金额											贷方金额											借或贷	余额										
月	日				亿	千	百	十	万	千	百	十	元	角	分	亿	千	百	十	万	千	百	十	元	角	分		亿	千	百	十	万	千	百	十	元	角	分

总账

第 30 页

年		凭证字号	摘要	页数	借方金额											贷方金额											借或贷	余额										
月	日				亿	千	百	十	万	千	百	十	元	角	分	亿	千	百	十	万	千	百	十	元	角	分		亿	千	百	十	万	千	百	十	元	角	分

总账

年		凭证字号	摘要	日页	借方金额											贷方金额											借或贷	余额										
月	日				亿	千	百	十	万	千	百	十	元	角	分	亿	千	百	十	万	千	百	十	元	角	分		亿	千	百	十	万	千	百	十	元	角	分

总账

年		凭证字号	摘要	日页	借方金额											贷方金额											借或贷	余额										
月	日				亿	千	百	十	万	千	百	十	元	角	分	亿	千	百	十	万	千	百	十	元	角	分		亿	千	百	十	万	千	百	十	元	角	分

总账

第 33 页

年		凭证字号	摘要	页数	借方金额											贷方金额											借或贷	余额										
月	日				亿	千	百	十	万	千	百	十	元	角	分	亿	千	百	十	万	千	百	十	元	角	分		亿	千	百	十	万	千	百	十	元	角	分

总账

第 34 页

年		凭证字号	摘要	页数	借方金额											贷方金额											借或贷	余额										
月	日				亿	千	百	十	万	千	百	十	元	角	分	亿	千	百	十	万	千	百	十	元	角	分		亿	千	百	十	万	千	百	十	元	角	分

总账

年		凭证字号	摘要	日页	借方金额											贷方金额											借或贷	余额										
月	日				亿	千	百	十	万	千	百	十	元	角	分	亿	千	百	十	万	千	百	十	元	角	分		亿	千	百	十	万	千	百	十	元	角	分

总账

年		凭证字号	摘要	日页	借方金额											贷方金额											借或贷	余额										
月	日				亿	千	百	十	万	千	百	十	元	角	分	亿	千	百	十	万	千	百	十	元	角	分		亿	千	百	十	万	千	百	十	元	角	分

第 37 页

总账

年		凭证字号	摘要	页数	借方金额											贷方金额											借或贷	余额										
月	日				亿	千	百	十	万	千	百	十	元	角	分	亿	千	百	十	万	千	百	十	元	角	分		亿	千	百	十	万	千	百	十	元	角	分

第 38 页

总账

年		凭证字号	摘要	页数	借方金额											贷方金额											借或贷	余额										
月	日				亿	千	百	十	万	千	百	十	元	角	分	亿	千	百	十	万	千	百	十	元	角	分		亿	千	百	十	万	千	百	十	元	角	分

总账

年		凭证字号	摘要	日页	借方金额											贷方金额											借或贷	余额										
月	日				亿	千	百	十	万	千	百	十	元	角	分	亿	千	百	十	万	千	百	十	元	角	分		亿	千	百	十	万	千	百	十	元	角	分

总账

年		凭证字号	摘要	日页	借方金额											贷方金额											借或贷	余额										
月	日				亿	千	百	十	万	千	百	十	元	角	分	亿	千	百	十	万	千	百	十	元	角	分		亿	千	百	十	万	千	百	十	元	角	分

总账

第 41 页

年		凭证字号	摘要	页数	借方金额											贷方金额											借或贷	余额										
月	日				亿	千	百	十	万	千	百	十	元	角	分	亿	千	百	十	万	千	百	十	元	角	分		亿	千	百	十	万	千	百	十	元	角	分

总账

第 42 页

年		凭证字号	摘要	页数	借方金额											贷方金额											借或贷	余额										
月	日				亿	千	百	十	万	千	百	十	元	角	分	亿	千	百	十	万	千	百	十	元	角	分		亿	千	百	十	万	千	百	十	元	角	分

总账

第 43 页

年		凭证字号	摘要	日页	借方金额											贷方金额											借或贷	余额										
月	日				亿	千	百	十	万	千	百	十	元	角	分	亿	千	百	十	万	千	百	十	元	角	分		亿	千	百	十	万	千	百	十	元	角	分

总账

第 44 页

年		凭证字号	摘要	日页	借方金额											贷方金额											借或贷	余额										
月	日				亿	千	百	十	万	千	百	十	元	角	分	亿	千	百	十	万	千	百	十	元	角	分		亿	千	百	十	万	千	百	十	元	角	分

总账

年		凭证字号	摘要	页数	借方金额											贷方金额											借或贷	余额										
月	日				亿	千	百	十	万	千	百	十	元	角	分	亿	千	百	十	万	千	百	十	元	角	分		亿	千	百	十	万	千	百	十	元	角	分

总账

年		凭证字号	摘要	页数	借方金额											贷方金额											借或贷	余额										
月	日				亿	千	百	十	万	千	百	十	元	角	分	亿	千	百	十	万	千	百	十	元	角	分		亿	千	百	十	万	千	百	十	元	角	分

总账

年		凭证字号	摘要	日页	借方金额											贷方金额											借或贷	余额										
月	日				亿	千	百	十	万	千	百	十	元	角	分	亿	千	百	十	万	千	百	十	元	角	分		亿	千	百	十	万	千	百	十	元	角	分

总账

年		凭证字号	摘要	日页	借方金额											贷方金额											借或贷	余额										
月	日				亿	千	百	十	万	千	百	十	元	角	分	亿	千	百	十	万	千	百	十	元	角	分		亿	千	百	十	万	千	百	十	元	角	分

总账

年		凭证字号	摘要	页数	借方金额											贷方金额											借或贷	余额										
月	日				亿	千	百	十	万	千	百	十	元	角	分	亿	千	百	十	万	千	百	十	元	角	分		亿	千	百	十	万	千	百	十	元	角	分

总账

年		凭证字号	摘要	页数	借方金额											贷方金额											借或贷	余额										
月	日				亿	千	百	十	万	千	百	十	元	角	分	亿	千	百	十	万	千	百	十	元	角	分		亿	千	百	十	万	千	百	十	元	角	分

总账

第 51 页

年		凭证字号	摘要	日页	借方金额											贷方金额											借或贷	余额										
月	日				亿	千	百	十	万	千	百	十	元	角	分	亿	千	百	十	万	千	百	十	元	角	分		亿	千	百	十	万	千	百	十	元	角	分

总账

第 52 页

年		凭证字号	摘要	日页	借方金额											贷方金额											借或贷	余额										
月	日				亿	千	百	十	万	千	百	十	元	角	分	亿	千	百	十	万	千	百	十	元	角	分		亿	千	百	十	万	千	百	十	元	角	分

总账

第 53 页

年		凭证字号	摘要	页数	借方金额											贷方金额											借或贷	余额										
月	日				亿	千	百	十	万	千	百	十	元	角	分	亿	千	百	十	万	千	百	十	元	角	分		亿	千	百	十	万	千	百	十	元	角	分

总账

第 54 页

年		凭证字号	摘要	页数	借方金额											贷方金额											借或贷	余额										
月	日				亿	千	百	十	万	千	百	十	元	角	分	亿	千	百	十	万	千	百	十	元	角	分		亿	千	百	十	万	千	百	十	元	角	分

总账

第 55 页

年		凭证字号	摘要	日页	借方金额											贷方金额											借或贷	余额										
月	日				亿	千	百	十	万	千	百	十	元	角	分	亿	千	百	十	万	千	百	十	元	角	分		亿	千	百	十	万	千	百	十	元	角	分

总账

第 56 页

年		凭证字号	摘要	日页	借方金额											贷方金额											借或贷	余额										
月	日				亿	千	百	十	万	千	百	十	元	角	分	亿	千	百	十	万	千	百	十	元	角	分		亿	千	百	十	万	千	百	十	元	角	分

总账

第 57 页

年		凭证字号	摘要	页数	借方金额											贷方金额											借或贷	余额										
月	日				亿	千	百	十	万	千	百	十	元	角	分	亿	千	百	十	万	千	百	十	元	角	分		亿	千	百	十	万	千	百	十	元	角	分

总账

第 58 页

年		凭证字号	摘要	页数	借方金额											贷方金额											借或贷	余额										
月	日				亿	千	百	十	万	千	百	十	元	角	分	亿	千	百	十	万	千	百	十	元	角	分		亿	千	百	十	万	千	百	十	元	角	分

总账

年		凭证字号	摘要	日页	借方金额											贷方金额											借或贷	余额										
月	日				亿	千	百	十	万	千	百	十	元	角	分	亿	千	百	十	万	千	百	十	元	角	分		亿	千	百	十	万	千	百	十	元	角	分

总账

年		凭证字号	摘要	日页	借方金额											贷方金额											借或贷	余额										
月	日				亿	千	百	十	万	千	百	十	元	角	分	亿	千	百	十	万	千	百	十	元	角	分		亿	千	百	十	万	千	百	十	元	角	分

库 存 现 金 日 记 账

年		凭证字号	摘要	对方科目	✓	收入（借方）金额										付出（贷方）金额										结余金额									
月	日					千	百	十	万	千	百	十	元	角	分	千	百	十	万	千	百	十	元	角	分	千	百	十	万	千	百	十	元	角	分

库存现金日记账

年		凭证字号	摘要	对方科目	✓	收入（借方）金额										付出（贷方）金额										结余金额									
月	日					千	百	十	万	千	百	十	元	角	分	千	百	十	万	千	百	十	元	角	分	千	百	十	万	千	百	十	元	角	分

银 行 存 款 日 记 账

第 1 页

科目

年		凭证字号	摘　要	对方科目	✓	收入（借方）金额										付出（贷方）金额										结余金额									
月	日					千	百	十	万	千	百	十	元	角	分	千	百	十	万	千	百	十	元	角	分	千	百	十	万	千	百	十	元	角	分

银行存款日记账

第 2 页

科目

年		凭证字号	摘要	对方科目	✓	收入（借方）金额										付出（贷方）金额										结余金额									
月	日					千	百	十	万	千	百	十	元	角	分	千	百	十	万	千	百	十	元	角	分	千	百	十	万	千	百	十	元	角	分

银行存款日记账

第 3 页

科目

年		凭证字号	摘要	对方科目	✓	收入（借方）金额										付出（贷方）金额										结余金额									
月	日					千	百	十	万	千	百	十	元	角	分	千	百	十	万	千	百	十	元	角	分	千	百	十	万	千	百	十	元	角	分

银行存款日记账

科目____

年		凭证字号	摘要	对方科目	✓	收入（借方）金额										付出（贷方）金额										结余金额									
月	日					千	百	十	万	千	百	十	元	角	分	千	百	十	万	千	百	十	元	角	分	千	百	十	万	千	百	十	元	角	分

银行存款日记账

第 5 页

科目

年		凭证字号	摘要	对方科目	✓	收入（借方）金额										付出（贷方）金额										结余金额									
月	日					千	百	十	万	千	百	十	元	角	分	千	百	十	万	千	百	十	元	角	分	千	百	十	万	千	百	十	元	角	分

银行存款日记账

科目______

年		凭证字号	摘要	对方科目	✓	收入（借方）金额										付出（贷方）金额										结余金额									
月	日					千	百	十	万	千	百	十	元	角	分	千	百	十	万	千	百	十	元	角	分	千	百	十	万	千	百	十	元	角	分

银行存款日记账

科目

年		凭证字号	摘要	对方科目	✓	收入（借方）金额										付出（贷方）金额										结余金额									
月	日					千	百	十	万	千	百	十	元	角	分	千	百	十	万	千	百	十	元	角	分	千	百	十	万	千	百	十	元	角	分

银行存款日记账

科目

年		凭证字号	摘要	对方科目	✓	收入（借方）金额										付出（贷方）金额										结余金额									
月	日					千	百	十	万	千	百	十	元	角	分	千	百	十	万	千	百	十	元	角	分	千	百	十	万	千	百	十	元	角	分

本账页数	
本户页数	

明细账

最高存量 ______

最低存量 ______

编　号 ______　规格 ______

单位(　　)名称 ______

年		凭证字号	摘要	收入（借方）			发出（贷方）			结存		
月	日			数量	单价	金额 千百十万千百十元角分	数量	单价	金额 千百十万千百十元角分	数量	单价	金额 千百十万千百十元角分

会计主管

复核

记账

明细账

最高存量

最低存量

编　号　　　　规格

单位(　　)名称

本账页数	
本户页数	

年		凭证字号	摘要	收入（借方）												发出（贷方）												结存											
				数量	单价	金额										数量	单价	金额										数量	单价	金额									
月	日					千	百	十	万	千	百	十	元	角	分			千	百	十	万	千	百	十	元	角	分			千	百	十	万	千	百	十	元	角	分

会计主管

复核

记账

最高存量

最低存量

编　号　　　　规格

明细账

本账页数	
本户页数	

单位(　　)名称

年		凭证字号	摘要	收入（借方）												发出（贷方）												结存											
				数量	单价	金额										数量	单价	金额										数量	单价	金额									
月	日					千	百	十	万	千	百	十	元	角	分			千	百	十	万	千	百	十	元	角	分			千	百	十	万	千	百	十	元	角	分

会计主管

复核

记账

明细账

本账页数	
本户页数	

最高存量______

最低存量______

编　号______　　规格______

单位（　　）名称______

年		凭证字号	摘　要	收入（借方）												发出（贷方）												结存											
				数量	单价	金额										数量	单价	金额										数量	单价	金额									
月	日					千	百	十	万	千	百	十	元	角	分			千	百	十	万	千	百	十	元	角	分			千	百	十	万	千	百	十	元	角	分

会计主管

复核

记账

本账页数	
本户页数	

最高存量________

最低存量________

编　号________　　规格________

明细账

单位(　　)名称________

年		凭证字号	摘要	收入（借方）												发出（贷方）												结存											
				数量	单价	金额										数量	单价	金额										数量	单价	金额									
月	日					千	百	十	万	千	百	十	元	角	分			千	百	十	万	千	百	十	元	角	分			千	百	十	万	千	百	十	元	角	分

会计主管

复核

记账

明细账

本账页数	
本户页数	

最高存量____________

最低存量____________

编　号____________　　规格____________

单位(　　　)名称____________________

年		凭证字号	摘　要	收　入　（借　方）												发　出　（贷　方）												结　　存											
月	日			数量	单价	金　额										数量	单价	金　额										数量	单价	金　额									
						千	百	十	万	千	百	十	元	角	分			千	百	十	万	千	百	十	元	角	分			千	百	十	万	千	百	十	元	角	分

会计主管

复核

记账

最高存量

最低存量

编　号　　　　　　规格

明细账

本账页数	
本户页数	

单位(　　　)名称

会计主管

复核

记账

年		凭证字号	摘　要	收　入　（借　方）												发　出　（贷　方）												结　　存											
月	日			数量	单价	金　额										数量	单价	金　额										数量	单价	金　额									
						千	百	十	万	千	百	十	元	角	分			千	百	十	万	千	百	十	元	角	分			千	百	十	万	千	百	十	元	角	分

最高存量____________

最低存量____________

编　号____________　　规格____________

明细账

本账页数	
本户页数	

单位(　　)名称____________

年		凭证字号	摘要	收入（借方）			发出（贷方）			结存		
月	日			数量	单价	金额（千百十万千百十元角分）	数量	单价	金额（千百十万千百十元角分）	数量	单价	金额（千百十万千百十元角分）

会计主管

复核

记账

最高存量
最低存量
编　号　　　规格

明细账

本账页数	
本户页数	

单位(　　)名称

年		凭证字号	摘　要	收入（借方）											发出（贷方）											结存										
				数量	单价	金额									数量	单价	金额									数量	单价	金额								
月	日					千	百	十	万	千	百	十	元	角	分			千	百	十	万	千	百	十	元	角	分			千	百	十	万	千	百	十	元	角	分

会计主管
复核
记账

最高存量

最低存量

编　号　　　　规格

明细账

本账页数	
本户页数	

单位（　　）名称

年		凭证字号	摘要	收入（借方）			发出（贷方）			结存		
月	日			数量	单价	金额 千百十万千百十元角分	数量	单价	金额 千百十万千百十元角分	数量	单价	金额 千百十万千百十元角分

会计主管

复核

记账

最高存量

最低存量

编　号　　　　规格

明细账

本账页数	
本户页数	

单位(　　)名称

年		凭证字号	摘　要	收　入　（借　方）												发　出　（贷　方）												结　存											
				数量	单价	金　额										数量	单价	金　额										数量	单价	金　额									
月	日					千	百	十	万	千	百	十	元	角	分			千	百	十	万	千	百	十	元	角	分			千	百	十	万	千	百	十	元	角	分

会计主管

复核

记账

最高存量

最低存量

编　号　　　　规格

明细账

本账页数	
本户页数	

单位(　　)名称

年		凭证字号	摘　要	收　入　（借　方）												发　出　（贷　方）												结　存											
				数量	单价	金　额										数量	单价	金　额										数量	单价	金　额									
月	日					千	百	十	万	千	百	十	元	角	分			千	百	十	万	千	百	十	元	角	分			千	百	十	万	千	百	十	元	角	分

会计主管

复核

记账

本账页数	
本户页数	

明细账

（　　　　）方金额分析

百	十	万	千	百	十	元	角	分	百	十	万	千	百	十	元	角	分	百	十	万	千	百	十	元	角	分	百	十	万	千	百	十	元	角	分	百	十	万	千	百	十	元	角	分	百	十	万	千	百	十	元	角	分	百	十	万	千	百	十	元	角	分	百	十	万	千	百	十	元	角	分	百	十	万	千	百	十	元	角	分

本账页数	
本户页数	

科目名称______________

年		凭单号	摘要	借方											贷方											借或贷	余额											借																	
月	日			亿	千	百	十	万	千	百	十	元	角	分	亿	千	百	十	万	千	百	十	元	角	分		亿	千	百	十	万	千	百	十	元	角	分	百	十	万	千	百	十	元	角	分	百	十	万	千	百	十	元	角	分

本账页数	
本户页数	

明细账

(　　)方金额分析																																																																																			
百	十	万	千	百	十	元	角	分	百	十	万	千	百	十	元	角	分	百	十	万	千	百	十	元	角	分	百	十	万	千	百	十	元	角	分	百	十	万	千	百	十	元	角	分	百	十	万	千	百	十	元	角	分	百	十	万	千	百	十	元	角	分	百	十	万	千	百	十	元	角	分	百	十	万	千	百	十	元	角	分

本账页数	
本户页数	

科目名称________________

年		凭单号	摘要	借方											贷方											借或贷	余额											借																	
月	日			亿	千	百	十	万	千	百	十	元	角	分	亿	千	百	十	万	千	百	十	元	角	分		亿	千	百	十	万	千	百	十	元	角	分	百	十	万	千	百	十	元	角	分	百	十	万	千	百	十	元	角	分

本账页数	
本户页数	

明 细 账

（　　　　　　）方　金　额　分　析

百	十	万	千	百	十	元	角	分	百	十	万	千	百	十	元	角	分	百	十	万	千	百	十	元	角	分	百	十	万	千	百	十	元	角	分	百	十	万	千	百	十	元	角	分	百	十	万	千	百	十	元	角	分	百	十	万	千	百	十	元	角	分	百	十	万	千	百	十	元	角	分	百	十	万	千	百	十	元	角	分

本账页数	
本户页数	

科目名称______________________

年		凭单号	摘要	借方											贷方											借或贷	余额											借																	
月	日			亿	千	百	十	万	千	百	十	元	角	分	亿	千	百	十	万	千	百	十	元	角	分		亿	千	百	十	万	千	百	十	元	角	分	百	十	万	千	百	十	元	角	分	百	十	万	千	百	十	元	角	分

本账页数	
本户页数	

明 细 账

（　　　　　　）方　金　额　分　析

百	十	万	千	百	十	元	角	分	百	十	万	千	百	十	元	角	分	百	十	万	千	百	十	元	角	分	百	十	万	千	百	十	元	角	分	百	十	万	千	百	十	元	角	分	百	十	万	千	百	十	元	角	分	百	十	万	千	百	十	元	角	分	百	十	万	千	百	十	元	角	分	百	十	万	千	百	十	元	角	分

本账页数	
本户页数	

科目名称________

年		凭单号	摘要	借方											贷方											借或贷	余额											借																	
月	日			亿	千	百	十	万	千	百	十	元	角	分	亿	千	百	十	万	千	百	十	元	角	分		亿	千	百	十	万	千	百	十	元	角	分	百	十	万	千	百	十	元	角	分	百	十	万	千	百	十	元	角	分

本账页数	
本户页数	

明细账

(　　　　) 方金额分析																																																																																	
百	十	万	千	百	十	元	角	分	百	十	万	千	百	十	元	角	分	百	十	万	千	百	十	元	角	分	百	十	万	千	百	十	元	角	分	百	十	万	千	百	十	元	角	分	百	十	万	千	百	十	元	角	分	百	十	万	千	百	十	元	角	分	百	十	万	千	百	十	元	角	分	百	十	万	千	百	十	元	角	分

本账页数	
本户页数	

科目名称

年		凭单号	摘要	借方											贷方											借或贷	余额											借																	
月	日			亿	千	百	十	万	千	百	十	元	角	分	亿	千	百	十	万	千	百	十	元	角	分		亿	千	百	十	万	千	百	十	元	角	分	百	十	万	千	百	十	元	角	分	百	十	万	千	百	十	元	角	分

明细账

本账页数	
本户页数	

(　　　　) 方金额分析																																																																															
百	十	万	千	百	十	元	角	分	百	十	万	千	百	十	元	角	分	百	十	万	千	百	十	元	角	分	百	十	万	千	百	十	元	角	分	百	十	万	千	百	十	元	角	分	百	十	万	千	百	十	元	角	分	百	十	万	千	百	十	元	角	分	百	十	万	千	百	十	元	角	分	百	十	万	千	百	十	元	角	分

本账页数	
本户页数	

科目名称

年		凭单号	摘要	借方											贷方											借或贷	余额											借																	
月	日			亿	千	百	十	万	千	百	十	元	角	分	亿	千	百	十	万	千	百	十	元	角	分		亿	千	百	十	万	千	百	十	元	角	分	百	十	万	千	百	十	元	角	分	百	十	万	千	百	十	元	角	分

本账页数	
本户页数	

明细账

(　　　　) 方　金　额　分　析

百	十	万	千	百	十	元	角	分	百	十	万	千	百	十	元	角	分	百	十	万	千	百	十	元	角	分	百	十	万	千	百	十	元	角	分	百	十	万	千	百	十	元	角	分	百	十	万	千	百	十	元	角	分	百	十	万	千	百	十	元	角	分	百	十	万	千	百	十	元	角	分	百	十	万	千	百	十	元	角	分

本账页数	
本户页数	

科目名称________________

年		凭单号	摘要	借方											贷方											借或贷	余额											借																	
月	日			亿	千	百	十	万	千	百	十	元	角	分	亿	千	百	十	万	千	百	十	元	角	分		亿	千	百	十	万	千	百	十	元	角	分	百	十	万	千	百	十	元	角	分	百	十	万	千	百	十	元	角	分

本账页数	
本户页数	

明　细　账

（　　　　）方　金　额　分　析

百	十	万	千	百	十	元	角	分	百	十	万	千	百	十	元	角	分	百	十	万	千	百	十	元	角	分	百	十	万	千	百	十	元	角	分	百	十	万	千	百	十	元	角	分	百	十	万	千	百	十	元	角	分	百	十	万	千	百	十	元	角	分	百	十	万	千	百	十	元	角	分	百	十	万	千	百	十	元	角	分

本账页数	
本户页数	

科目名称

年		凭单号	摘要	借方											贷方											借或贷	余额											借																	
月	日			亿	千	百	十	万	千	百	十	元	角	分	亿	千	百	十	万	千	百	十	元	角	分		亿	千	百	十	万	千	百	十	元	角	分	百	十	万	千	百	十	元	角	分	百	十	万	千	百	十	元	角	分

本账页数	
本户页数	

明 细 账

( ) 方 金 额 分 析

百	十	万	千	百	十	元	角	分	百	十	万	千	百	十	元	角	分	百	十	万	千	百	十	元	角	分	百	十	万	千	百	十	元	角	分	百	十	万	千	百	十	元	角	分	百	十	万	千	百	十	元	角	分	百	十	万	千	百	十	元	角	分	百	十	万	千	百	十	元	角	分	百	十	万	千	百	十	元	角	分

本账页数	
本户页数	

科目名称____________

年		凭单号	摘要	借方											贷方											借或贷	余额											借																	
月	日			亿	千	百	十	万	千	百	十	元	角	分	亿	千	百	十	万	千	百	十	元	角	分		亿	千	百	十	万	千	百	十	元	角	分	百	十	万	千	百	十	元	角	分	百	十	万	千	百	十	元	角	分

应交税费——应交增值税　明细账

总第　　页　分第　　页

年		凭证字号	摘要	借方发生额				贷方发生额			借或贷	余额
月	日			进项税额	已交税金	转出未交增值税	合计	销项税额	进项税额转出	合计		

应交税费——应交增值税 明细账

总第______页 分第______页

年		凭证字号	摘要	借方发生额				贷方发生额			借或贷	余额
月	日			进项税额	已交税金	转出未交增值税	合计	销项税额	进项税额转出	合计		

应交税费——应交增值税　　明细账

总第＿＿页　分第＿＿页

年		凭证字号	摘　要	借方发生额				贷方发生额			借或贷	余　额
月	日			进项税额	已交税金	转出未交增值税	合　计	销项税额	进项税额转出	合　计		

应交税费——应交增值税　　明细账

总第＿＿页　分第＿＿页

年		凭证字号	摘要	借方发生额				贷方发生额			借或贷	余额
月	日			进项税额	已交税金	转出未交增值税	合计	销项税额	进项税额转出	合计		

应交税费——应交增值税 明细账

总第____页 分第____页

年		凭证字号	摘要	借方发生额				贷方发生额			借或贷	余额
月	日			进项税额	已交税金	转出未交增值税	合计	销项税额	进项税额转出	合计		

应交税费——应交增值税　　明细账

总第______页　分第______页

年		凭证字号	摘要	借方发生额				贷方发生额			借或贷	余额
月	日			进项税额	已交税金	转出未交增值税	合计	销项税额	进项税额转出	合计		

本账页数	
本户页数	

明细账

科目

年		凭证字号	摘要	对方科目	页数	借方金额											贷方金额											借或贷	余额										
月	日					亿	千	百	十	万	千	百	十	元	角	分	亿	千	百	十	万	千	百	十	元	角	分		亿	千	百	十	万	千	百	十	元	角	分

本账页数	
本户页数	

明细账

科目

年		凭证字号	摘要	对方科目	页数	借方金额											贷方金额											借或贷	余额										
月	日					亿	千	百	十	万	千	百	十	元	角	分	亿	千	百	十	万	千	百	十	元	角	分		亿	千	百	十	万	千	百	十	元	角	分

本账页数	
本户页数	

明细账

科目

年		凭证字号	摘要	对方科目	页数	借方金额											贷方金额											借或贷	余额										
月	日					亿	千	百	十	万	千	百	十	元	角	分	亿	千	百	十	万	千	百	十	元	角	分		亿	千	百	十	万	千	百	十	元	角	分

本账页数	
本户页数	

明细账

科目

年		凭证字号	摘要	对方科目	页数	借方金额											贷方金额											借或贷	余额										
月	日					亿	千	百	十	万	千	百	十	元	角	分	亿	千	百	十	万	千	百	十	元	角	分		亿	千	百	十	万	千	百	十	元	角	分

本账页数	
本户页数	

明细账

科目

年		凭证字号	摘要	对方科目	页数	借方金额											贷方金额											借或贷	余额										
月	日					亿	千	百	十	万	千	百	十	元	角	分	亿	千	百	十	万	千	百	十	元	角	分		亿	千	百	十	万	千	百	十	元	角	分

本账页数	
本户页数	

明细账

科目

年		凭证字号	摘要	对方科目	页数	借方金额											贷方金额											借或贷	余额										
月	日					亿	千	百	十	万	千	百	十	元	角	分	亿	千	百	十	万	千	百	十	元	角	分		亿	千	百	十	万	千	百	十	元	角	分

本账页数	
本户页数	

明细账

科目

年		凭证字号	摘　要	对方科目	页数	借方金额											贷方金额											借或贷	余　额										
月	日					亿	千	百	十	万	千	百	十	元	角	分	亿	千	百	十	万	千	百	十	元	角	分		亿	千	百	十	万	千	百	十	元	角	分

本账页数	
本户页数	

明细账

科目

年		凭证字号	摘　要	对方科目	页数	借方金额											贷方金额											借或贷	余　额										
月	日					亿	千	百	十	万	千	百	十	元	角	分	亿	千	百	十	万	千	百	十	元	角	分		亿	千	百	十	万	千	百	十	元	角	分

本账页数	
本户页数	

明细账

科目

年		凭证字号	摘要	对方科目	页数	借方金额											贷方金额											借或贷	余额										
月	日					亿	千	百	十	万	千	百	十	元	角	分	亿	千	百	十	万	千	百	十	元	角	分		亿	千	百	十	万	千	百	十	元	角	分

本账页数	
本户页数	

明细账

科目

年		凭证字号	摘要	对方科目	页数	借方金额											贷方金额											借或贷	余额										
月	日					亿	千	百	十	万	千	百	十	元	角	分	亿	千	百	十	万	千	百	十	元	角	分		亿	千	百	十	万	千	百	十	元	角	分

本账页数	
本户页数	

明细账

科目

年		凭证字号	摘要	对方科目	页数	借方金额											贷方金额											借或贷	余额										
月	日					亿	千	百	十	万	千	百	十	元	角	分	亿	千	百	十	万	千	百	十	元	角	分		亿	千	百	十	万	千	百	十	元	角	分

本账页数	
本户页数	

明细账

科目

年		凭证字号	摘要	对方科目	页数	借方金额											贷方金额											借或贷	余额										
月	日					亿	千	百	十	万	千	百	十	元	角	分	亿	千	百	十	万	千	百	十	元	角	分		亿	千	百	十	万	千	百	十	元	角	分

本账页数	
本户页数	

明细账

科目

年		凭证字号	摘要	对方科目	页数	借方金额											贷方金额											借或贷	余额										
月	日					亿	千	百	十	万	千	百	十	元	角	分	亿	千	百	十	万	千	百	十	元	角	分		亿	千	百	十	万	千	百	十	元	角	分

本账页数	
本户页数	

明细账

科目

年		凭证字号	摘要	对方科目	页数	借方金额											贷方金额											借或贷	余额										
月	日					亿	千	百	十	万	千	百	十	元	角	分	亿	千	百	十	万	千	百	十	元	角	分		亿	千	百	十	万	千	百	十	元	角	分

本账页数	
本户页数	

明细账

科目

年		凭证字号	摘要	对方科目	页数	借方金额											贷方金额											借或贷	余额										
月	日					亿	千	百	十	万	千	百	十	元	角	分	亿	千	百	十	万	千	百	十	元	角	分		亿	千	百	十	万	千	百	十	元	角	分

本账页数	
本户页数	

明细账

科目

年		凭证字号	摘要	对方科目	页数	借方金额											贷方金额											借或贷	余额										
月	日					亿	千	百	十	万	千	百	十	元	角	分	亿	千	百	十	万	千	百	十	元	角	分		亿	千	百	十	万	千	百	十	元	角	分

本账页数	
本户页数	

明细账

科目

年		凭证字号	摘要	对方科目	页数	借方金额											贷方金额											借或贷	余额										
月	日					亿	千	百	十	万	千	百	十	元	角	分	亿	千	百	十	万	千	百	十	元	角	分		亿	千	百	十	万	千	百	十	元	角	分

本账页数	
本户页数	

明细账

科目

年		凭证字号	摘要	对方科目	页数	借方金额											贷方金额											借或贷	余额										
月	日					亿	千	百	十	万	千	百	十	元	角	分	亿	千	百	十	万	千	百	十	元	角	分		亿	千	百	十	万	千	百	十	元	角	分

本账页数	
本户页数	

明细账

科目

年		凭证字号	摘要	对方科目	页数	借方金额											贷方金额											借或贷	余额										
月	日					亿	千	百	十	万	千	百	十	元	角	分	亿	千	百	十	万	千	百	十	元	角	分		亿	千	百	十	万	千	百	十	元	角	分

本账页数	
本户页数	

明细账

科目

年		凭证字号	摘要	对方科目	页数	借方金额											贷方金额											借或贷	余额										
月	日					亿	千	百	十	万	千	百	十	元	角	分	亿	千	百	十	万	千	百	十	元	角	分		亿	千	百	十	万	千	百	十	元	角	分

本账页数	
本户页数	

明细账

科目

年		凭证字号	摘要	对方科目	页数	借方金额											贷方金额											借或贷	余额										
月	日					亿	千	百	十	万	千	百	十	元	角	分	亿	千	百	十	万	千	百	十	元	角	分		亿	千	百	十	万	千	百	十	元	角	分

本账页数	
本户页数	

明细账

科目

年		凭证字号	摘要	对方科目	页数	借方金额											贷方金额											借或贷	余额										
月	日					亿	千	百	十	万	千	百	十	元	角	分	亿	千	百	十	万	千	百	十	元	角	分		亿	千	百	十	万	千	百	十	元	角	分

本账页数	
本户页数	

明细账

科目

年		凭证字号	摘要	对方科目	页数	借方金额											贷方金额											借或贷	余额										
月	日					亿	千	百	十	万	千	百	十	元	角	分	亿	千	百	十	万	千	百	十	元	角	分		亿	千	百	十	万	千	百	十	元	角	分

本账页数	
本户页数	

明细账

科目

年		凭证字号	摘要	对方科目	页数	借方金额											贷方金额											借或贷	余额										
月	日					亿	千	百	十	万	千	百	十	元	角	分	亿	千	百	十	万	千	百	十	元	角	分		亿	千	百	十	万	千	百	十	元	角	分

本账页数	
本户页数	

明细账

科目

年		凭证字号	摘要	对方科目	页数	借方金额											贷方金额											借或贷	余额										
月	日					亿	千	百	十	万	千	百	十	元	角	分	亿	千	百	十	万	千	百	十	元	角	分		亿	千	百	十	万	千	百	十	元	角	分

本账页数	
本户页数	

明细账

科目

年		凭证字号	摘要	对方科目	页数	借方金额											贷方金额											借或贷	余额										
月	日					亿	千	百	十	万	千	百	十	元	角	分	亿	千	百	十	万	千	百	十	元	角	分		亿	千	百	十	万	千	百	十	元	角	分

本账页数	
本户页数	

明细账

科目

年		凭证字号	摘要	对方科目	页数	借方金额											贷方金额											借或贷	余额										
月	日					亿	千	百	十	万	千	百	十	元	角	分	亿	千	百	十	万	千	百	十	元	角	分		亿	千	百	十	万	千	百	十	元	角	分

本账页数	
本户页数	

明细账

科目

年		凭证字号	摘要	对方科目	页数	借方金额											贷方金额											借或贷	余额										
月	日					亿	千	百	十	万	千	百	十	元	角	分	亿	千	百	十	万	千	百	十	元	角	分		亿	千	百	十	万	千	百	十	元	角	分

本账页数	
本户页数	

明细账

科目

年		凭证字号	摘要	对方科目	页数	借方金额											贷方金额											借或贷	余额										
月	日					亿	千	百	十	万	千	百	十	元	角	分	亿	千	百	十	万	千	百	十	元	角	分		亿	千	百	十	万	千	百	十	元	角	分

本账页数	
本户页数	

明细账

科目

年		凭证字号	摘要	对方科目	页数	借方金额											贷方金额											借或贷	余额										
月	日					亿	千	百	十	万	千	百	十	元	角	分	亿	千	百	十	万	千	百	十	元	角	分		亿	千	百	十	万	千	百	十	元	角	分

本账页数	
本户页数	

明细账

科目

年		凭证字号	摘要	对方科目	页数	借方金额											贷方金额											借或贷	余额										
月	日					亿	千	百	十	万	千	百	十	元	角	分	亿	千	百	十	万	千	百	十	元	角	分		亿	千	百	十	万	千	百	十	元	角	分

本账页数	
本户页数	

明细账

科目

年		凭证字号	摘要	对方科目	页数	借方金额											贷方金额											借或贷	余额										
月	日					亿	千	百	十	万	千	百	十	元	角	分	亿	千	百	十	万	千	百	十	元	角	分		亿	千	百	十	万	千	百	十	元	角	分

本账页数	
本户页数	

明细账

科目

年		凭证字号	摘要	对方科目	页数	借方金额											贷方金额											借或贷	余额										
月	日					亿	千	百	十	万	千	百	十	元	角	分	亿	千	百	十	万	千	百	十	元	角	分		亿	千	百	十	万	千	百	十	元	角	分

本账页数	
本户页数	

明细账

科目

年		凭证字号	摘要	对方科目	页数	借方金额											贷方金额											借或贷	余额										
月	日					亿	千	百	十	万	千	百	十	元	角	分	亿	千	百	十	万	千	百	十	元	角	分		亿	千	百	十	万	千	百	十	元	角	分

本账页数	
本户页数	

明细账

科目

年		凭证字号	摘要	对方科目	页数	借方金额											贷方金额											借或贷	余额										
月	日					亿	千	百	十	万	千	百	十	元	角	分	亿	千	百	十	万	千	百	十	元	角	分		亿	千	百	十	万	千	百	十	元	角	分

本账页数	
本户页数	

明细账

科目

年		凭证字号	摘要	对方科目	页数	借方金额											贷方金额											借或贷	余额										
月	日					亿	千	百	十	万	千	百	十	元	角	分	亿	千	百	十	万	千	百	十	元	角	分		亿	千	百	十	万	千	百	十	元	角	分

本账页数	
本户页数	

明细账

科目

年		凭证字号	摘要	对方科目	页数	借方金额											贷方金额											借或贷	余额										
月	日					亿	千	百	十	万	千	百	十	元	角	分	亿	千	百	十	万	千	百	十	元	角	分		亿	千	百	十	万	千	百	十	元	角	分

本账页数	
本户页数	

明细账

科目

年		凭证字号	摘要	对方科目	页数	借方金额											贷方金额											借或贷	余额										
月	日					亿	千	百	十	万	千	百	十	元	角	分	亿	千	百	十	万	千	百	十	元	角	分		亿	千	百	十	万	千	百	十	元	角	分

本账页数	
本户页数	

明细账

科目

年		凭证字号	摘要	对方科目	页数	借方金额											贷方金额											借或贷	余额										
月	日					亿	千	百	十	万	千	百	十	元	角	分	亿	千	百	十	万	千	百	十	元	角	分		亿	千	百	十	万	千	百	十	元	角	分

本账页数	
本户页数	

明细账

科目

年		凭证字号	摘要	对方科目	页数	借方金额											贷方金额											借或贷	余额										
月	日					亿	千	百	十	万	千	百	十	元	角	分	亿	千	百	十	万	千	百	十	元	角	分		亿	千	百	十	万	千	百	十	元	角	分

本账页数	
本户页数	

明细账

科目

年		凭证字号	摘要	对方科目	页数	借方金额											贷方金额											借或贷	余额										
月	日					亿	千	百	十	万	千	百	十	元	角	分	亿	千	百	十	万	千	百	十	元	角	分		亿	千	百	十	万	千	百	十	元	角	分

本账页数	
本户页数	

明细账

科目

年		凭证字号	摘要	对方科目	页数	借方金额											贷方金额											借或贷	余额										
月	日					亿	千	百	十	万	千	百	十	元	角	分	亿	千	百	十	万	千	百	十	元	角	分		亿	千	百	十	万	千	百	十	元	角	分

本账页数
本户页数

明细账

科目

年		凭证字号	摘要	对方科目	页数	借方金额											贷方金额											借或贷	余额										
月	日					亿	千	百	十	万	千	百	十	元	角	分	亿	千	百	十	万	千	百	十	元	角	分		亿	千	百	十	万	千	百	十	元	角	分

本账页数
本户页数

明细账

科目

年		凭证字号	摘要	对方科目	页数	借方金额											贷方金额											借或贷	余额										
月	日					亿	千	百	十	万	千	百	十	元	角	分	亿	千	百	十	万	千	百	十	元	角	分		亿	千	百	十	万	千	百	十	元	角	分

本账页数	
本户页数	

明细账

科目

年		凭证字号	摘要	对方科目	页数	借方金额											贷方金额											借或贷	余额										
月	日					亿	千	百	十	万	千	百	十	元	角	分	亿	千	百	十	万	千	百	十	元	角	分		亿	千	百	十	万	千	百	十	元	角	分

本账页数	
本户页数	

明细账

科目

年		凭证字号	摘要	对方科目	页数	借方金额											贷方金额											借或贷	余额										
月	日					亿	千	百	十	万	千	百	十	元	角	分	亿	千	百	十	万	千	百	十	元	角	分		亿	千	百	十	万	千	百	十	元	角	分

本账页数	
本户页数	

明细账

科目

年		凭证字号	摘要	对方科目	页数	借方金额											贷方金额											借或贷	余额										
月	日					亿	千	百	十	万	千	百	十	元	角	分	亿	千	百	十	万	千	百	十	元	角	分		亿	千	百	十	万	千	百	十	元	角	分

本账页数	
本户页数	

明细账

科目

年		凭证字号	摘要	对方科目	页数	借方金额											贷方金额											借或贷	余额										
月	日					亿	千	百	十	万	千	百	十	元	角	分	亿	千	百	十	万	千	百	十	元	角	分		亿	千	百	十	万	千	百	十	元	角	分

本账页数	
本户页数	

明细账

科目

年		凭证字号	摘要	对方科目	页数	借方金额											贷方金额											借或贷	余额										
月	日					亿	千	百	十	万	千	百	十	元	角	分	亿	千	百	十	万	千	百	十	元	角	分		亿	千	百	十	万	千	百	十	元	角	分

本账页数	
本户页数	

明细账

科目

年		凭证字号	摘要	对方科目	页数	借方金额											贷方金额											借或贷	余额										
月	日					亿	千	百	十	万	千	百	十	元	角	分	亿	千	百	十	万	千	百	十	元	角	分		亿	千	百	十	万	千	百	十	元	角	分

本账页数	
本户页数	

明细账

科目

年		凭证字号	摘要	对方科目	页数	借方金额											贷方金额											借或贷	余额										
月	日					亿	千	百	十	万	千	百	十	元	角	分	亿	千	百	十	万	千	百	十	元	角	分		亿	千	百	十	万	千	百	十	元	角	分

本账页数	
本户页数	

明细账

科目

年		凭证字号	摘要	对方科目	页数	借方金额											贷方金额											借或贷	余额										
月	日					亿	千	百	十	万	千	百	十	元	角	分	亿	千	百	十	万	千	百	十	元	角	分		亿	千	百	十	万	千	百	十	元	角	分

本账页数	
本户页数	

明细账

科目

年		凭证字号	摘要	对方科目	页数	借方金额											贷方金额											借或贷	余额										
月	日					亿	千	百	十	万	千	百	十	元	角	分	亿	千	百	十	万	千	百	十	元	角	分		亿	千	百	十	万	千	百	十	元	角	分

本账页数	
本户页数	

明细账

科目

年		凭证字号	摘要	对方科目	页数	借方金额											贷方金额											借或贷	余额										
月	日					亿	千	百	十	万	千	百	十	元	角	分	亿	千	百	十	万	千	百	十	元	角	分		亿	千	百	十	万	千	百	十	元	角	分

本账页数	
本户页数	

明细账

科目

年		凭证字号	摘要	对方科目	页数	借方金额											贷方金额											借或贷	余额										
月	日					亿	千	百	十	万	千	百	十	元	角	分	亿	千	百	十	万	千	百	十	元	角	分		亿	千	百	十	万	千	百	十	元	角	分

本账页数	
本户页数	

明细账

科目

年		凭证字号	摘要	对方科目	页数	借方金额											贷方金额											借或贷	余额										
月	日					亿	千	百	十	万	千	百	十	元	角	分	亿	千	百	十	万	千	百	十	元	角	分		亿	千	百	十	万	千	百	十	元	角	分

本账页数	
本户页数	

明细账

科目

年		凭证字号	摘要	对方科目	页数	借方金额											贷方金额											借或贷	余额										
月	日					亿	千	百	十	万	千	百	十	元	角	分	亿	千	百	十	万	千	百	十	元	角	分		亿	千	百	十	万	千	百	十	元	角	分

本账页数	
本户页数	

明细账

科目

年		凭证字号	摘要	对方科目	页数	借方金额											贷方金额											借或贷	余额										
月	日					亿	千	百	十	万	千	百	十	元	角	分	亿	千	百	十	万	千	百	十	元	角	分		亿	千	百	十	万	千	百	十	元	角	分

本账页数	
本户页数	

明细账

科目

年		凭证字号	摘要	对方科目	页数	借方金额											贷方金额											借或贷	余额										
月	日					亿	千	百	十	万	千	百	十	元	角	分	亿	千	百	十	万	千	百	十	元	角	分		亿	千	百	十	万	千	百	十	元	角	分

本账页数	
本户页数	

明细账

科目

年		凭证字号	摘要	对方科目	页数	借方金额											贷方金额											借或贷	余额										
月	日					亿	千	百	十	万	千	百	十	元	角	分	亿	千	百	十	万	千	百	十	元	角	分		亿	千	百	十	万	千	百	十	元	角	分

本账页数	
本户页数	

明细账

科目 ____________

年		凭证字号	摘要	对方科目	页数	借方金额											贷方金额											借或贷	余额										
月	日					亿	千	百	十	万	千	百	十	元	角	分	亿	千	百	十	万	千	百	十	元	角	分		亿	千	百	十	万	千	百	十	元	角	分

本账页数	
本户页数	

明细账

科目 ____________

年		凭证字号	摘要	对方科目	页数	借方金额											贷方金额											借或贷	余额										
月	日					亿	千	百	十	万	千	百	十	元	角	分	亿	千	百	十	万	千	百	十	元	角	分		亿	千	百	十	万	千	百	十	元	角	分

本账页数	
本户页数	

明细账

科目

年		凭证字号	摘要	对方科目	页数	借方金额											贷方金额											借或贷	余额										
月	日					亿	千	百	十	万	千	百	十	元	角	分	亿	千	百	十	万	千	百	十	元	角	分		亿	千	百	十	万	千	百	十	元	角	分

本账页数	
本户页数	

明细账

科目

年		凭证字号	摘要	对方科目	页数	借方金额											贷方金额											借或贷	余额										
月	日					亿	千	百	十	万	千	百	十	元	角	分	亿	千	百	十	万	千	百	十	元	角	分		亿	千	百	十	万	千	百	十	元	角	分

本账页数	
本户页数	

明细账

科目

年		凭证字号	摘要	对方科目	页数	借方金额											贷方金额											借或贷	余额										
月	日					亿	千	百	十	万	千	百	十	元	角	分	亿	千	百	十	万	千	百	十	元	角	分		亿	千	百	十	万	千	百	十	元	角	分

本账页数	
本户页数	

明细账

科目

年		凭证字号	摘要	对方科目	页数	借方金额											贷方金额											借或贷	余额										
月	日					亿	千	百	十	万	千	百	十	元	角	分	亿	千	百	十	万	千	百	十	元	角	分		亿	千	百	十	万	千	百	十	元	角	分

本账页数	
本户页数	

明细账

科目

年		凭证字号	摘要	对方科目	页数	借方金额											贷方金额											借或贷	余额										
月	日					亿	千	百	十	万	千	百	十	元	角	分	亿	千	百	十	万	千	百	十	元	角	分		亿	千	百	十	万	千	百	十	元	角	分

本账页数	
本户页数	

明细账

科目

年		凭证字号	摘要	对方科目	页数	借方金额											贷方金额											借或贷	余额										
月	日					亿	千	百	十	万	千	百	十	元	角	分	亿	千	百	十	万	千	百	十	元	角	分		亿	千	百	十	万	千	百	十	元	角	分

本账页数	
本户页数	

明细账

科目

年		凭证字号	摘要	对方科目	页数	借方金额											贷方金额											借或贷	余额										
月	日					亿	千	百	十	万	千	百	十	元	角	分	亿	千	百	十	万	千	百	十	元	角	分		亿	千	百	十	万	千	百	十	元	角	分

本账页数	
本户页数	

明细账

科目

年		凭证字号	摘要	对方科目	页数	借方金额											贷方金额											借或贷	余额										
月	日					亿	千	百	十	万	千	百	十	元	角	分	亿	千	百	十	万	千	百	十	元	角	分		亿	千	百	十	万	千	百	十	元	角	分

本账页数	
本户页数	

明细账

科目

年		凭证字号	摘要	对方科目	页数	借方金额											贷方金额											借或贷	余额										
月	日					亿	千	百	十	万	千	百	十	元	角	分	亿	千	百	十	万	千	百	十	元	角	分		亿	千	百	十	万	千	百	十	元	角	分

本账页数	
本户页数	

明细账

科目

年		凭证字号	摘要	对方科目	页数	借方金额											贷方金额											借或贷	余额										
月	日					亿	千	百	十	万	千	百	十	元	角	分	亿	千	百	十	万	千	百	十	元	角	分		亿	千	百	十	万	千	百	十	元	角	分

森美包装有限公司
总分类账
2023年度
森美包装有限公司
财务专用章

总分类账封底

日记账

（库存现金、银行存款）

2023年度

日记账封底

森美包装有限公司

记账凭证封面

第	册
共	册

自　　年　　月　　日至　　年　　月　　日

凭证名称	凭证起讫号码		凭证张数	附件张数	备注
	自	至			

会计档案	全宗号	目录号	案卷号	保管年限

会计主管　　　　装订

记账凭证封底

抽出凭证记录

抽出日期			抽出凭证名称	抽出原因	抽出人签字	经管人签字	归还日期			收件人
年	月	日					年	月	日	

森美包装有限公司

记账凭证封面

第	册
共	册

自　年　月　日至　年　月　日

凭证名称	凭证起讫号码		凭证张数	附件张数	备注
	自	至			

会计档案	全宗号	目录号	案卷号	保管年限

会计主管

装订

记账凭证封底

抽出凭证记录

抽出日期			抽出凭证名称	抽出原因	抽出人签字	经管人签字	归还日期			收件人
年	月	日					年	月	日	

森美包装有限公司

记账凭证封面

第	册
共	册

自　　年　　月　　日至　　年　　月　　日

凭证名称	凭证起讫号码		凭证张数	附件张数	备注
	自	至			

会计档案	全宗号	目录号	案卷号	保管年限

会计主管　　　　装订

记账凭证封底

抽出凭证记录

抽出日期			抽出凭证名称	抽出原因	抽出人签字	经管人签字	归还日期			收件人
年	月	日					年	月	日	

森美包装有限公司

明细分类账

2023年度

明细分类账封底

根据记账凭证厚度折叠

年

月

日
起　止
第

册

年

月

日
起　止
第

册

年

月

日
起　止
第

册

年

月

日
起　止
第

册